Ampliación léxica del PCIC

Carmen Chacón García

Ampliación léxica del PCIC

Un recorrido cartográfico por el vocabulario panhispánico

PETER LANG

Berlin - Bruxelles - Chennai - Lausanne - New York - Oxford

**Información bibliográfica publicada por
la Deutsche Nationalbibliothek**
La Deutsche Nationalbibliothek recoge esta publicación en la
Deutsche Nationalbibliografie; los datos bibliográficos detallados
están disponibles en Internet en http://dnb.d-nb.de.

Catalogación en publicación de la Biblioteca del Congreso
Para este libro ha sido solicitado un registro en el
catálogo CIP de la Biblioteca del Congreso.

ISBN 978-3-631-92146-3 (Print)
E-ISBN 978-3-631-92147-0 (E-PDF)
E-ISBN 978-3-631-92148-7 (E-PUB)
10.3726/b21977

© 2024 Peter Lang Group AG, Lausana
Publicado por Peter Lang GmbH, Berlín, Alemania

info@peterlang.com - www.peterlang.com

A mis padres, José Luis y Nati.

ÍNDICE

Introducción 9

   I. El léxico en la enseñanza de lenguas 11

  II. Enseñanza del español en tiempos panhispánicos 13

 III. Las 'Nociones específicas' del *Plan Curricular del Instituto Cervantes* 17

 IV. El panhispanismo en manuales de español 19

  V. Tríada de aportaciones para las 'Nociones específicas' 21

 VI. Demolingüística y representatividad 25

 VII. Parámetros para la estimación de la representatividad 31

VIII. El léxico y la cartografía 35

 IX. Perspectiva panhispánica para las 'Nociones específicas' del PCIC 43

    PROPUESTA 1 Inclusión de panhispanismos en el PCIC 49

    PROPUESTA 2 Inclusión de americanismos en el PCIC 73

    PROPUESTA 3 Inclusión de la marca *Esp* (españolismo) en el PCIC 123

  X. Conclusiones 137

 XI. Referencias bibliográficas 141

Introducción

Este libro ofrece una revisión del vocabulario básico del español en el ámbito de la adquisición de segundas lenguas. La vasta extensión del mundo hispanohablante complica la selección de un léxico representativo global. El objetivo central de este monográfico es ampliar el vocabulario del *Plan Curricular del Instituto Cervantes* (PCIC), proponiendo voces representativas de distintas variedades de español.

A partir de la revisión exhaustiva del inventario 'Nociones específicas' del PCIC, este libro presenta una ampliación sustentada y rigurosa del vocabulario básico del español, ofreciendo un viaje por la variación a través de una serie de mapas. Este recorrido por la geografía hispanohablante se complementa con consideraciones adicionales sobre geolingüística, análisis estadístico de datos, la representación cartográfica de variantes y mecanismos de adquisición léxica.

Todos los datos utilizados provienen de investigaciones empíricas realizadas por el grupo Varilex, que ha estudiado la variación léxica del español a nivel mundial desde la década de 1990. Se emplea una base de datos relacional para analizar la distribución geográfica de las variantes léxicas mediante cálculos demolingüísticos que determinan el Grado de Representatividad (GR) de cada concepto propuesto en el PCIC y de sus geosinónimos. Este enfoque se relaciona estrechamente con la geografía lingüística y trata de examinar la diversidad léxica del español en todo el ámbito hispanohablante.

A partir de los datos de Varilex, este manual propone un recorrido cartográfico por el vocabulario de la lengua española incluido en el PCIC. La representación cartográfica que aquí se presenta ofrece ventajas significativas para comprender la variación diatópica y proporciona información relevante sobre la estructura, la localización, la vitalidad, la innovación, el conservadurismo o las relaciones interdialectales de las variantes léxicas.

Este libro constituye la primera propuesta de ampliación de las 'Nociones específicas' del PCIC y está organizado en tres grandes apartados. En primer lugar, se presentan los *panhispanismos* representativos del español global. Se trata de voces extendidas en todo el ámbito hispanohablante, compartidas en España y países de América. Todas estas palabras cuentan con mayor representatividad que las nociones propuestas por el PCIC.

En el segundo apartado se incluyen los *americanismos,* es decir, voces con alta difusión y vitalidad en América. La inclusión de voces americanas junto al vocabulario básico del PCIC otorga una mirada panhispánica y equilibrada a las 'Nociones específicas', que presentan un vocabulario exclusivamente peninsular.

El tercer y último apartado presenta los *españolismos*, es decir, aquellos términos exclusivos del español de España. Estas voces peninsulares con frecuencia pasan desapercibidas en los manuales de español. Por ello, proponemos incluir en el PCIC la marca *Esp* junto a cada una de estas nociones.

En su conjunto, el manual busca revisar oposiciones diatópicas en el léxico hispanohablante y establece una metodología común para abordar el fenómeno de la representatividad. Los resultados empíricos sobre la distribución geográfica de los términos del PCIC contribuyen a desarrollar una enseñanza del vocabulario basada en criterios sólidos y fuentes confiables sobre las variantes léxicas del español.

El empleo de la cartografía lingüística proporciona una representación visual confiable sobre la variación. A través de un recorrido por los mapas de las palabras seleccionadas, el lector puede extraer conclusiones e interpretaciones fundamentales sobre las variantes léxicas, lo que compensa la restricción que supone describir el vocabulario del español únicamente a partir de la norma centro-norte peninsular del PCIC.

La aplicación virtual para la visualización cartográfica que se presenta en esta obra se debe al trabajo de Oscar Perpiñán Lamigueiro, quien ha permitido que los mapas activen procesos cognitivos para descubrir la información que a menudo se esconde bajo los datos en bruto.

Este monográfico tampoco habría sido posible sin el apoyo y la generosidad de Hiroto Ueda, director del grupo Varilex, cuya investigación exhaustiva y sistemática durante más de tres décadas ha proporcionado resultados significativos sobre el léxico en las principales ciudades hispanohablantes.

I. El léxico en la enseñanza de lenguas

Desde finales de los años 80, se ha incrementado significativamente la relevancia otorgada al aspecto léxico en la enseñanza de idiomas. La investigación de Michel Lewis (1993, 1997) marcó un punto de inflexión al considerar el léxico como un aspecto esencial para la comunicación eficaz de los aprendices de idiomas. Tanto en manuales de español como en publicaciones académicas, se observa un notable interés en abordar esta competencia en las últimas décadas.

El enfoque léxico redefine el papel del vocabulario en la enseñanza de idiomas, que había quedado relegado en los métodos tradicionales de enseñanza de lenguas. Así lo muestra el lingüista británico David Wilkins (1972) que señaló que «sin gramática poco se puede transmitir; pero sin vocabulario no se puede transmitir nada». Por su parte, Krashen (1987) llegó a una conclusión similar al darse cuenta de que «cuando los estudiantes viajan, no llevan libros de gramática, llevan diccionarios». Estas citas destacan que el léxico es fundamental para transmitir un mensaje, por lo que un estudiante de lenguas debe trabajar su competencia léxica de forma integrada con las competencias gramaticales, funcionales o discursivas.

Sin embargo, aprender el léxico de una segunda lengua es un asunto complejo, debido a la dificultad para determinar significados, la presencia de palabras abstractas, la multifuncionalidad y la interferencia entre campos léxicos, entre otros desafíos. Los profesores de idiomas se plantean cómo enseñar el vocabulario (de manera explícita e implícita) y cómo desarrollar estrategias de aprendizaje que faciliten este proceso, dinámico y cognitivo, que implica etiquetar, empaquetar y construir una red estructurada de palabras en nuestro léxico mental (Aitchison 1994).

Conocer una palabra supone incorporar una amplia cantidad de información, que podemos sintetizar en tres grandes aspectos: la forma, el uso y el significado. Podemos distinguir, además, entre diferentes tipos de conocimiento en el caso del léxico almacenado en el léxico mental: el léxico *receptivo*, aquellas palabras que los aprendices pueden entender; el léxico *productivo*, aquellas palabras que los aprendices pueden usar activamente; y el léxico *potencial*, el conjunto de palabras disponibles para su uso (Nation, 2001).

El *Marco Común de Referencia Europeo* (en adelante, MCER), publicado por el Consejo de Europa (2002), incorpora aspectos del enfoque léxico en su descripción sobre la enseñanza y aprendizaje de lenguas. El documento define la *competencia léxica* como el conocimiento y la habilidad para utilizar el vocabulario de una lengua, incluyendo tanto elementos léxicos como gramaticales, sin separarlos, y detalla la competencia léxica para diferentes niveles de referencia basándose en la riqueza y dominio del vocabulario.

Por su parte, el *Plan Curricular del Instituto Cervantes* de 2006 (en adelante, PCIC), material de referencia que adapta el MCER al contexto de la lengua española, también incluye una perspectiva del léxico alineada con el enfoque léxico. Se reemplaza el término tradicional *vocabulario* por *noción*, que abarca diversas categorías de unidades didácticas y reconoce la importancia de los bloques semiconstruidos en la comunicación oral. Los inventarios 'Nociones generales' y 'Nociones específicas', proporcionan ejemplos de combinatorias de palabras y ofrecen un listado de unidades léxicas para cada nivel de dominio de la lengua española (A1-A2, B1-B2, C1-C), destacando que su propuesta léxica es un punto de partida adaptable a diferentes contextos y situaciones.

Otra cuestión importante es determinar qué vocabulario debe conocer un estudiante de lenguas y cómo se puede establecer un inventario representativo del vocabulario. La taxonomía del vocabulario según el *enfoque léxico* de Lewis (1997) incluye las siguientes formas léxicas: (a) palabras simples o compuestas, (b) colocaciones, (c) expresiones fijas y (d) expresiones semi-fijas. En este trabajo vamos a ocuparnos de las palabras simples, que engloban la mayor parte del léxico español.

Ahora bien, determinar qué palabras debe aprender un estudiante de español, cuántas, con qué actividades de entrenamiento y en qué niveles de dominio supone una gran complejidad. Los criterios para seleccionar y organizar las voces de un repertorio léxico representativo estarán siempre determinados por habilidades comunicativas y funcionales. Para ello, las escalas del MCER pueden ser herramientas valiosas que permitan reflexionar, seleccionar y tomar decisiones didácticas sobre la competencia léxica de los estudiantes.

Sin embargo, la asignación de niveles de dominio de una voz léxica depende también de cada situación específica. De hecho, una misma noción podría aparecer en diferentes niveles de aprendizaje, dependiendo de su uso o significado. Cada nivel implica un incremento en la complejidad y la amplitud del vocabulario, desde situaciones concretas en los niveles más básicos hasta el dominio de expresiones idiomáticas y registros formales y coloquiales en los niveles más avanzados. Un estudiante de nivel A, por ejemplo, conoce la noción *naranja* para referirse a una fruta, pero no aprenderá el significado de *media naranja* en el ámbito de las relaciones de pareja hasta los niveles B2 o C1 (Baralo 2007).

II. Enseñanza del español en tiempos panhispánicos

En el caso de la lengua española, la selección de un repertorio léxico está condicionada y determinada en buena medida por la variedad diatópica. Las diferentes variedades lingüísticas del español forman parte de la idiosincrasia del idioma y se manifiestan de manera variable en distintos planos lingüísticos, siendo el léxico uno de los más destacados, especialmente en términos de vocabulario regional. Esta diversidad, que se debe a razones históricas, geográficas y socioculturales, hace que sistematizar el tratamiento de las variedades de vocabulario sea una tarea difícil. No obstante, los hispanohablantes cuentan con un núcleo léxico fundamental compartido, que garantiza la comunicación efectiva entre todos los hablantes de español. El caudal léxico compartido entre hispanohablantes se estima en más del 80 % (RAE y ASALE 2010: 31).

Los hablantes de cualquier lengua tienden a equiparar sus propios patrones lingüísticos (idiolecto) con la norma estándar del idioma, creyendo que lo que ellos dicen es lo que se considera 'correcto' o 'más común'. Esta actitud es habitual también entre los hablantes de español, que suelen resistirse a aceptar otras variantes geolectales para proteger la suya. En este sentido, los docentes, siguiendo las directrices del MCER y del PCIC, deben fomentar una actitud abierta hacia las diferentes variedades lingüísticas en el aula, concienciando a los estudiantes de que una lengua hablada en más de veinte países y distribuida en miles de kilómetros se caracteriza por su diversidad normativa y su heterogeneidad en el uso.

La formación del profesor es crucial para abordar con rigurosidad la diversidad léxica en el aula de español como segunda lengua. Aunque es improbable que el profesor conozca todas las variantes léxicas del español, es esencial que esté familiarizado con las fuentes y materiales disponibles para integrar de manera más precisa el tratamiento de la variedad léxica y su secuenciación en niveles de aprendizaje.

Si la selección del vocabulario es, en cualquier lengua, uno de los elementos lingüísticos más complejos de estructurar según criterios de frecuencia, representatividad, disponibilidad o efectividad comunicativa, en el ámbito del español, esta labor se hace especialmente difícil, debido a la amplitud geográfica del idioma. Además, en los últimos años, las fronteras entre las distintas variantes lingüísticas se han difuminado, debido a la globalización y a los movimientos migratorios (López Morales 2010; Bravo García 2022; Gómez Font 2022).

Aunque el constructo lingüístico de la lengua estándar tiende a minimizar las características específicas de las diferentes variantes en favor de aquellos elementos que comparten entre ellas, en el contexto del español, los usuarios del idioma emplean variedades que no se adhieren estrictamente al estándar prescriptivo. Como señala Crystal (1994: 113), aún no existe una variante completamente homogénea, neutral en cuanto a la región y universalmente reconocida como prestigiosa a nivel global. La vasta extensión geográfica del español explica su enorme variación y justifica un carácter plurinormativo o pluricéntrico, término introducido por Kloss en 1978 (Torres Torres 2013) y posteriormente retomado por Clyne (1992) y Thompson (1992).

Para reconocer la variación como seña de identidad de nuestro idioma, en las obras académicas de las últimas décadas se ha impulsado notablemente una política panhispánica, a través de la Asociación de Academias de la Lengua Española (ASALE) y del Instituto Cervantes, (Bueno Hudson 2019, Moreno-Fernández y Dumitrescu 2019). El esfuerzo por incorporar variedades diatópicas se ha trasladado a la lingüística aplicada y contamos con manuales, corpus de consulta, diplomas de español (SIELE) e iniciativas de certificación (SICELE), que ponen de manifiesto la importancia que se atribuye al carácter panhispánico (Soler Montes 2015; Amorós Negre y Moser 2019; Bárkányi y Fuertes Gutiérrez 2019; López Aramburu 2019; Battaner Arias y López Ferrero 2021).

Si tomamos como referencia para la didáctica de idiomas tanto el MCER como el PCIC, ya se ha comentado que ambas publicaciones invitan explícitamente a incluir las variedades geolectales en el proceso de aprendizaje, de manera que el estudiante desarrolle una mirada sensible y atenta ante la diversidad cultural y lingüística de la lengua meta. Por su parte, el Instituto Cervantes reconoce en la introducción del PCIC que "el español tiene la cualidad de ser una lengua que cuenta con varias normas cultas que pertenecen a diferentes localizaciones geográficas; la correspondiente a la norma centro–norte peninsular española es sólo una de ellas" (Instituto Cervantes 2006).

Aunque el PCIC escoge la norma centro-norte peninsular para la definición de sus inventarios, la obra presenta un reconocimiento explícito de otras variedades lingüísticas e incluye anotaciones propias de otras áreas geolectales que cuentan con una considerable extensión. Así, "el compromiso del Instituto con la enseñanza del español está ligado a un régimen lingüístico sustentado por ideologías de mercantilización de la lengua, así como por ideologías de estandarización y pluricentricidad" (Del Valle, 2014: 364).

El reconocimiento explícito de rasgos no coincidentes con el español centro-norte peninsular aparece en ocho de los trece inventarios del PCIC: 'Objetivos generales', 'Gramática', 'Pronunciación y Prosodia', 'Ortografía', 'Tácticas y estrategias pragmáticas', 'Nociones generales', 'Referentes culturales' y 'Habilidades y actitudes interculturales'. Veamos algunos ejemplos.

Tabla 1. Ejemplos de variedades dialectales en el PCIC

Inventario	Apartado	Anotaciones
Gramática	B1 § 1.2. El género de los sustantivos.	Términos con género distinto en las variedades del español *la bombilla* [España] / *el bombillo* [México, América Central, Las Antillas, Colombia y Venezuela] *el salón* [España] / *la sala* [Hispanoamérica]
Pronunciación y Prosodia	C1C2 § 5.2.4. Consonantes alveolares.	[Hispanoamérica] /s/ predorsal o dorsoalveolar, articulada con el ápice de la lengua hacia abajo [excepciones: Antioquia (Colombia), Costa Rica (valle central), La Habana (Cuba), Arceibo y Guaynabo (Puerto Rico)]
Ortografía	C1.C2 § 1.3.4. Letra h.	[Hispanoamérica] Pronunciación ante los diptongos *ua, ue, ui* en posición inicial como una versión suave del fonema velar sonoro /g/. *huaca / guaca*

Además de los ocho inventarios mencionados, hay cuatro áreas temáticas que no contienen indicadores de variación: dos de ellas, debido a la falta de bibliografía y a la complejidad del análisis ('Funciones' y 'Saberes y comportamientos socioculturales'); las otras dos, porque no lo consideran pertinente ('Géneros discursos y productos textuales' y 'Procedimientos de aprendizaje').

En todo caso, la inclusión de anotaciones geolectales en la mayoría de estos inventarios compensa la limitación que supone describir principalmente la norma lingüística del centro-norte peninsular español. Así, estas precisiones sobre las diferentes variantes lingüísticas enriquecen la representatividad del corpus de esta guía para la enseñanza del español (Instituto Cervantes 2006), en consonancia con la política panhispánica implementada en los últimos años.[1]

---

1 Véase el *Diccionario panhispánico de dudas* (2005), el *Diccionario del estudiante* (2005), la *Nueva gramática de la lengua española* (2009), el *Diccionario de americanismos* (2010), la *Ortografía de la lengua española* (2010), *El buen uso del español* (2013) o el *Diccionario de la lengua española* (2014).

III. Las 'Nociones específicas' del *Plan Curricular del Instituto Cervantes*

Idiomas como el inglés cuentan con diferentes repertorios de vocabulario básico basados en criterios de frecuencia y uso que permiten diseñar materiales de enseñanza, evaluar el progreso del aprendizaje del vocabulario y establecer objetivos didácticos más efectivos. Algunos de ellos son, por ejemplo, las *BNC/COCA lists*, compilaciones del vocabulario inglés más frecuente según el *British National Corpus* (BNC) y el *Corpus of Contemporary American English* (COCA); el *Word Frequencies in Written and Spoken English* (Leech et al. 2001) o el *The Academic Word List* (Coxhead 2000), entre otros.

En español, en cambio, no contamos con inventarios de vocabulario o listas de frecuencia basadas en corpus o encuestas, que permitan secuenciar y organizar la didáctica del vocabulario. La única obra que presenta un inventario léxico orientativo para la enseñanza del español como segunda lengua es el *Plan Curricular del Instituto Cervantes*. El inventario léxico titulado 'Nociones específicas' incluido en el PCIC presenta un repertorio abierto de vocabulario, organizado en campos semánticos y secuenciado por niveles, lo que supone un gran avance y un punto de partida a partir del cual podremos reflexionar sobre los caminos de la didáctica del léxico. La limitación fundamental de esta lista, de carácter orientativo y abierto, es que no está basada en corpus ni en datos empíricos sobre la frecuencia y la didáctica del vocabulario. En todo caso, contar con un inventario de vocabulario para la didáctica de español supone, en todo caso, un gran avance y un punto de partida a partir del cual podremos reflexionar sobre los caminos de la didáctica del léxico.

Si atendemos a la perspectiva de la variedad lingüística del español, tal y como hemos visto, el PCIC aboga por la enseñanza de un español panhispánico y representativo e incluye anotaciones sobre diferentes variedades de español. Sin embargo, en el caso del vocabulario, a diferencia de lo que ocurre en los once inventarios mencionados anteriormente, el PCIC se desvincula de la perspectiva panhispánica.

Aunque en la introducción del inventario 'Nociones específicas' se menciona que el repertorio léxico incluye "especificaciones sobre las variedades del español de América en relación con determinados elementos" (Instituto Cervantes 2006), la realidad es que en las 'Nociones específicas' no se encuentran anotaciones sobre variación geolectal en ninguna de las secciones, a diferencia de lo que habíamos encontrado en los temas de Pragmática, Gramática y otros inventarios mencionados.

Desde su publicación original en 2006, la guía sobre el vocabulario básico para estudiantes de español en los distintos niveles de aprendizaje presenta un léxico limitado a la variedad lingüística del centro-norte peninsular español. El repertorio no incluye marcas de voces propias de otras variedades de español (americanismos), ni marcas que señalen los términos exclusivos del español de España (españolismos). Esta condición limita notablemente las posibilidades del inventario y contrasta con la política panhispánica de las últimas décadas.

Es importante reconocer que representar exhaustivamente el fenómeno de la variación léxica y estructurarlo en niveles de aprendizaje requiere una investigación minuciosa sobre la rentabilidad, disponibilidad y frecuencia de los términos. Sin embargo, omitir las diferencias léxicas geográficas únicamente en el repertorio de vocabulario es incompatible con la visión presentada en el resto de la obra.

Por otra parte, el inventario 'Nociones específicas' invita a "aquellos que utilicen el inventario en situaciones de enseñanza y aprendizaje donde se practique una variedad lingüística diferente" a "realizar las adaptaciones correspondientes, tanto en la selección léxica como, en su caso, en la distribución por niveles" (Instituto Cervantes, 2006). Surge la interrogante sobre qué materiales pueden consultarse para obtener información sobre la extensión, rentabilidad y frecuencia del vocabulario, dado que, hasta el momento, no existe una guía didáctica sobre el tratamiento de la variación geográfica del español ni repertorios léxicos panhispánicos para la enseñanza. Tampoco parece realista exigir a un profesor de español que busque información específica sobre variación en cada contexto de enseñanza.

IV. El panhispanismo en manua les de español

Si bien hemos constatado que los documentos rectores de la enseñanza del español, tales como el PCIC o el MCER, presentan un enfoque integrador hacia las variedades lingüísticas, la literatura revisada indica que, en la práctica, la integración de la variación diatópica se realiza de manera poco sistemática (Flórez Márquez 2000; García Fernández 2010; Otero Doval 2011; Prados Lacalle 2014; Díaz García 2016; González Sánchez 2016; Cazorla Vivas 2017).

En términos generales, podemos afirmar que la cultura y el léxico de las variedades hispanoamericanas tienen una menor presencia en los manuales en comparación con los de la variedad centro-norte peninsular española, incluso en aquellos que tienen un enfoque panhispánico (Potvin 2018; Carretero Bruña 2021). En el ámbito de la enseñanza del español con fines específicos, resulta aún más complicado encontrar variantes americanas en los manuales, debido a la búsqueda de una precisión denotativa en el lenguaje culto (Ainciburu y Granata 2019).

Por otro lado, si se pretenden implementar los principios panhispánicos de manera efectiva, también es esencial recopilar datos empíricos sobre las prácticas docentes y los currículos, especialmente en lo referente a las decisiones conscientes respecto a la integración de las diferentes variante (Muñoz-Basols y Hernández Muñoz 2019). En este sentido, todavía son escasos los estudios empíricos que arrojen luz sobre qué voces debe incorporar un vocabulario panhispánico del español o qué actividades son más eficaces para la adquisición de geosinónimos.

La dificultad de incluir un vocabulario panhispánico en manuales de enseñanza se explica en buena medida porque no contamos con repertorios léxicos o vocabularios de español como segunda lengua que adopten el carácter panhispánico que sí se observa, por ejemplo, en obras lexicográficas como el *Diccionario de americanismos* (RAE y ASALE 2010) o en la última de edición *Diccionario de la lengua española* (RAE y ASALE 2023).

Respecto a los vocabularios o repertorios léxicos específicos del español como segunda lengua, a pesar de la existencia de las investigaciones recientes centradas en la selección léxica (Bartol Hernández 2010; Hidalgo Gallardo 2017; Paredes García y Gallego Gallego 2019; Gómez-Devís 2022), todavía no contamos con un inventario léxico que contenga el vocabulario esencial y representativo del español a nivel mundial. Como se ha expuesto, tan solo contamos

con las 'Nociones específicas' del Instituto Cervantes y este repertorio es emi-
nentemente centro-peninsular, sin marcas de variación diatópica ni datos de
representatividad o frecuencia.

Partiendo del convencimiento de que no existe una única variedad regio-
nalmente neutra y prestigiosa en el mundo hispanohablante (Vázquez 2008),
la enseñanza del español debería incorporar y valorar la diversidad como una
fuente de enriquecimiento y práctica democrática (Pérez Gómez 2002). Desarrollar la habilidad de adaptarse a las diversas variedades geolectales y apreciar
su riqueza lingüística y cultural es fundamental para cualquier estudiante de
español (Villa 1996: 197). Así pues, para el docente, adoptar una perspectiva
plural y policéntrica se presenta como la alternativa más pertinente (Beaven y
Garrido 2000).

La dificultad de organizar el currículo de manera que no se privilegie una
única variedad lingüística en cada caso –como señalan Flórez Márquez (2000),
Beaven y Garrido (2000), Rivarola (2006), Vázquez (2008)–, supone manejar
las diferencias lingüísticas de manera secuenciada en el aula y ser capaz de
"transitar transversalmente por otras variedades" (Martín Perís 2001: 134). Sin
embargo, hasta la fecha, apenas contamos con directrices o materiales de referencia que faciliten la incorporación de variantes léxicas en el plan de estudios
de manera sistemática (Chacón García 2023).

Si analizamos el vocabulario que presentan los manuales de enseñanza de
español, es cierto que en los últimos años se observa cierto interés por la diversidad. No obstante, la variante preferente es fundamentalmente la centro-norte
peninsular española y la presencia de otras variedades de español es irregular y,
a menudo, estereotipada (García Fernández 2010; Cruz y Saracho 2016; Cazorla
Vivas 2017).

V. Tríada de aportaciones para las 'Nociones específicas'

Detectada la limitación del único inventario léxico con que contamos para la didáctica de vocabulario en el área de la enseñanza de español como segunda lengua, el objetivo de este monográfico es el siguiente: presentar una perspectiva panhispánica al repertorio de 'Nociones específicas'. En esta obra partimos del vocabulario original propuesto por el PCIC y formulamos una propuesta que enriquece y amplía dicho listado mediante la inclusión de geosinónimos representativos del español.

El propósito encuentra dos limitaciones fundamentales. En primer lugar, que la variación geolectal no sigue reglas categóricas, sino que se manifiesta a través de diferencias de frecuencia o valores socioculturales (Bustos Gisbert 1995). Por consiguiente, es común encontrar discrepancias en el uso de las palabras en distintas regiones, ya que el léxico es un reflejo del inventario cultural humano y no puede ser considerado como un conjunto absoluto (Ueda 2004). Por otro lado, entendemos que no resulta factible, ni adecuado para un plan curricular, abarcar la totalidad de geosinónimos de cada concepto en los veintidós países de habla hispana.

Nuestra propuesta parte de un análisis demolingüístico inicial que evalúa la representatividad del vocabulario del PCIC. A continuación proponemos una ampliación en tres direcciones específicas, anotando los panhispanismos, los americanismos y los españolismos, como explicaremos a continuación.

En primer lugar, la inclusión de voces panhispánicas, conocidas como panhispanismos, responde a la necesidad imperante de asegurar una comunicación efectiva entre hablantes de cualquier procedencia. Como señalan Muñoz-Basols y Hernández Muñoz (2019), el español ha mostrado un potencial considerable en el contexto global, lo que ha generado una colaboración más estrecha entre los distintos países de habla hispana, con el objetivo de fortalecer su presencia y visibilidad en un entorno marcado por un importante crecimiento demográfico del idioma.

Los panhispanismos constituyen similitudes lingüísticas que, si bien pueden entorpecer la delimitación de áreas dialectales debido a su naturaleza no transitiva, resultan fundamentales porque garantizan la comunicación entre los hablantes. García Mouton (1991) recuerda que ya Goebl planteaba una perspectiva distinta al sugerir que el estudio de isoglosas podría estar enfocándose incorrectamente: "No se trata simplemente de registrar las diferencias, ya que son las similitudes las que garantizan la comunicación entre los hablantes. Por ello, propone la investigación de las similitudes interpuntuales, es decir, los puntos de conexión en función comunicativa" (García Mouton 1991).

Encontrar términos panhispánicos o similitudes lingüísticas es fundamental para el entendimiento mutuo y permite adoptar una visión ecolingüística que supera la fragmentación inherente. Así, como sostiene Finke (2002: 46), una teoría científica ecológica aspira a un holismo epistémico que reconozca críticamente las limitaciones de las especializaciones individuales.

Por consiguiente, la inclusión de panhispanismos en el PCIC no solo enriquece el repertorio léxico disponible, sino que también facilita una comprensión más amplia y eficaz entre los hablantes. Como afirma Demonte (2001), esto significa "un enriquecimiento del caudal expresivo de los hablantes, quienes tendrán a su disposición un léxico más amplio, tanto en su uso activo como pasivo".

En segundo lugar, además de incorporar las voces panhispánicas que facilitan la comprensión entre hablantes de español de distintas procedencias, adoptar una perspectiva equilibrada del léxico implica incluir voces americanas en la edición original de las 'Nociones específicas'.

El concepto de americanismo no está exento de ambigüedades y ha generado cierta polémica en la dialectología hispánica. A pesar de las limitaciones que supone la oposición *peninsular / americano*, el esfuerzo que han realizado las obras académicas por incorporar acepciones y usos con marca americana en diccionarios y gramáticas ha sido notable en las últimas décadas.

Por el contrario, el incremento de voces americanas no se ha manifestado con la misma intensidad en los inventarios o manuales de español como segunda lengua. Más concretamente, en el PCIC no existen voces americanas. La decisión de incorporar americanismos en las 'Nociones específicas' se alinea con la visión panhispánica predominante y con la política lingüística de las academias (Haensch 2002). Partimos de la convicción de que los americanismos se consideran valiosos en términos culturales (Stork 2008) y contribuyen a fortalecer los lazos entre los hablantes de español. No cabe duda de que incorporar americanismos en el PCIC es una tarea pendiente, máxime cuando estas palabras gozan de mayor representatividad que los términos propuestos por el Instituto Cervantes.

Por último, la identificación de aquellas voces de las 'Nociones específicas' del PCIC que son privativas del español de España constituye también una labor necesaria y fundamental en la ampliación del inventario léxico. El concepto de españolismo tampoco está exento de dificultades conceptuales y metodológicas, pero desde 1992 la etiqueta *Esp* se añadió al diccionario académico.

En cambio, esta marca no ha llegado a los repertorios léxicos de la lingüística aplicada ni se ha incorporado en el PCIC. La inclusión de palabras exclusivas del español de España en el PCIC se justifica por la elección de la variedad lingüística centro-norte peninsular española como eje vertebrador de la obra. Sin embargo, resulta fundamental advertir de la existencia de estas voces en las 'Nociones específicas'. Señalar aquellas palabras exclusivas del español de España permite que el docente busque alternativas panhispánicas o americanas cuando el contexto de enseñanza lo requiera y advierte de que ciertas palabras atribuidas al estándar en los manuales de ELE son, en realidad, nociones minoritarias en términos de representatividad.

VI. Demolingüística y representatividad

Para realizar esta aportación al inventario 'Nociones específicas' del PCIC, fundamentamos nuestra propuesta en el concepto de *representatividad*. La representatividad de las palabras está estrechamente vinculada con la población y su distribución, siendo el número de hablantes de español en cada país un factor de gran relevancia. En este contexto, nuestra aportación se sitúa en el ámbito de la demolingüística hispánica, la cual se centra en el análisis de la población hispanohablante, su distribución geográfica y su evolución temporal (Moreno Fernández y Otero Roth 2007).

La demolingüística fue descrita por primera vez en 1974 en el libro *Composición Lingüística de las Naciones del Mundo* (Moreno Fernández y Álvarez Mella 2022), y guarda estrecha relación con la geografía lingüística, un enfoque "dialectológico y comparativo que implica el registro en mapas especializados de diversas formas lingüísticas (fonéticas, morfológicas, sintácticas o léxicas), a través de encuestas directas y uniformes realizadas en una red de puntos de un territorio determinado" (Gimeno Méndez 1990: 117).

En este trabajo, investigamos la representatividad y la extensión de las palabras del español desde una perspectiva demolingüística, teniendo en cuenta tanto el número de hablantes que emplean las variantes léxicas como la extensión geográfica que ocupan en el ámbito hispanohablante. Para ello, requerimos tanto datos demográficos como encuestas sobre el uso léxico.

Para evaluar un concepto complejo y multidimensional como la representatividad, que es la variable clave en esta investigación, es fundamental desarrollar indicadores que puedan ser cuantificados de manera numérica. En este trabajo, empleamos un método matemático específico que asigna a cada palabra analizada del PCIC un grado de representatividad (GR). El enfoque nos permite establecer una comparación entre el grado de representatividad de las palabras sugeridas por el Instituto Cervantes y el de otros términos geosinónimos del español, lo que permite clasificar el vocabulario según su alcance y determinar cuáles son las palabras más representativas en el contexto estudiado.

Esta metodología brinda la posibilidad de ordenar el léxico de manera sistemática y precisa, identificando así las voces que poseen una mayor representatividad en el ámbito lingüístico considerado. A partir del análisis, podemos desarrollar una propuesta coherente y fundamentada para la renovación y actualización del léxico contenido en las 'Nociones específicas'. El enfoque no solo nos permite identificar las palabras más pertinentes y significativas, sino que también nos proporciona una base sólida para mejorar y enriquecer el material de enseñanza del español.

El grado de representatividad (GR) de las palabras se determina mediante un proceso que se basa en datos de población y encuestas léxicas. Estas encuestas son extraídas de la base de datos del proyecto Varilex (*Variación léxica del español en el mundo*), iniciativa internacional de investigación que ha recopilado una gran cantidad de datos léxicos del español contemporáneo en entornos urbanos. El propósito de Varilex es analizar estos datos y mapearlos en ciudades de habla hispana, siguiendo los principios fundamentales de la geografía lingüística.

El enfoque metodológico de Varilex se basa en una aproximación onomasiológica que se inscribe en el ámbito del "campo de las designaciones" (Baldinger 1964), que parte de un concepto con un significado único para el cual existen múltiples términos según las regiones (llamados *geosinónimos*). Esta metodología, que se originó con Tappolet en el siglo XIX y fue posteriormente desarrollada por Zauner (1903), ha sido empleada en numerosos atlas lingüísticos con el propósito de recopilar las variantes léxicas de diversos conceptos en el ámbito hispánico.

La aproximación cuantitativa de Varilex proporciona cifras de representatividad que, si bien no constituyen una realidad absoluta, ofrecen una visión general de la distribución del léxico en cada país hispanohablante "que no contradice ni la intuición ni los conocimientos previos" (Ueda 1995: 15). El proyecto, fruto de la colaboración entre investigadores y dialectólogos en una red internacional, reviste una importancia crucial para la dialectología del español en el mundo, similar a la de otros grandes proyectos internacionales relacionados con la lengua española. La rigurosa metodología empleada en el análisis de la variación y la recopilación de datos en una base de datos relacional han sido elementos esenciales para llevar a cabo trabajos como el nuestro.

Basándose en la información recopilada por Varilex, Ueda (1996) sugirió la elaboración de un índice de representatividad léxica mediante un enfoque matemático, con el fin de clasificar las palabras de acuerdo a su extensión geográfica. Para llevar a cabo este proceso, emplea la siguiente fórmula:

$$gr = \frac{\sum_i n_i P_i}{\sum_i P_i}$$

donde i = lista de países encuestados; n_i = número de países; = 1 (cuando se presenta la voz en el país en cuestión), = 0 (cuando no se presenta la voz); P_i = población de cada país.

A continuación, se presenta la dispersión geográfica del concepto [JACKET] basada en los análisis realizados por Ueda (1996):

Tabla 2. Distribución del concepto [JACKET] según el GR de Ueda (1996)

Concepto	Voz	N.º países	Suma de habitantes	GR(g)	Países
JACKET	saco	15	210.275.616	78,17 %	Mx, Gu, EL, CR, Pn, Cu, RD, PR, Co, Ve, Pe, Bo, Pa, Ur, Ar
	chaqueta	9	125.391.840	46,61 %	Es, EL, Cu, PR, Ec, Co, Ve, Pa, Ch
	americana	1	37.746.260	14,03 %	Es
	vestón	1	11.329.736	4.21 %	Ch

El cálculo del grado de representatividad (GR) de las palabras, realizado por Ueda (1996), se basa en el análisis de los países en los que han sido registradas, considerando su peso demográfico correspondiente. En la Tabla 2, se evidencia que la palabra *saco* es la más representativa en el ámbito hispanohablante, al registrarse en 15 de los 20 países, abarcando así el 78 % del total de hispanohablantes. Por otro lado, la palabra *vestón*, presente únicamente en Chile (con aproximadamente 11 millones de hablantes), posee un GR de 4.21 %. De esta manera, el cálculo de representatividad tiene en cuenta tanto los países registrados en los datos de variación como su respectivo peso demográfico.

No obstante, el método de cálculo de Ueda (1996) no considera el número de hablantes que han seleccionado cada palabra en las encuestas. Este enfoque de representatividad, denominado *Grado de Representatividad general* o GR(g), no permite determinar cuál palabra es la más representativa cuando, en un mismo país, se utilizan dos términos diferentes para referirse al mismo concepto. Así, una palabra confirmada por tres informantes en un país tiene el mismo GR(g) que otra voz que hubiese sido confirmada por tres mil encuestados.

Nuestra propuesta implica llevar a cabo un cálculo demolingüístico para determinar un *Grado de Representatividad ponderado* o GR(p), considerando el número de personas que confirman el uso de cada palabra en cada país encuestado. La colaboración de Varilex, que nos ha brindado acceso a su base de datos relacional, ha sido fundamental para este complejo cálculo de representatividad, permitiéndonos recopilar las respuestas de cada informante respecto a las voces analizadas en diversos países.

Tomando como ejemplo el concepto [JACKET], observamos que tanto *chaqueta* como *americana* se registran en España. Sin embargo, la preferencia por la voz *chaqueta* es manifestada por 102 informantes de un total de 166, en contraposición a los 58 informantes que prefieren la voz *americana*. Aunque ambas palabras están presentes en España, es relevante destacar que *chaqueta* tiene una frecuencia mayor, posiblemente debido a que *americana* se emplea en un contexto más restringido y sugiere el rasgo [+ elegante] que no siempre está presente en el término *chaqueta*.

Por tanto, el *Grado de Representatividad ponderado* o GR(p) nos permite analizar detalladamente la representatividad de las palabras y superar un análisis más general que simplemente considere si una forma se utiliza o no en un país específico. Este enfoque resulta especialmente útil cuando se cuenta con muestras pequeñas de población, ya que nos permite evaluar en qué medida se emplean las distintas palabras. Para calcular el GR(p), proponemos la siguiente fórmula:

$$g.r.ponderado = \frac{\Sigma_i P_i \cdot ip}{\Sigma_i P_i}$$

$$ip(\text{índice de ponderación}) = \frac{ocurrencias}{n.°informantes}$$

donde i = lista de países encuestados; P_i = población de cada país; ip = relación entre ocurrencias de una determinada forma y el número de informantes encuestados en un determinado país.

Estamos de acuerdo con Ueda (1996) en que, en el caso del concepto [JACKET], la palabra *saco* continúa siendo la más prevalente, seguida por *chaqueta*, mientras que las demás variantes muestran una representatividad considerablemente menor:

Tabla 3. Comparación del análisis demolingüístico de [JACKET] con GR(g) y GR(p)

Concepto	Voz	N° países	GR(g)	GR(p)	Países
JACKET	saco	15	78,17 %	57,87	Mx, Gu, EL, CR, Pn, Cu, RD, PR, Co, Ve, Pe, Bo, Pa, Ur, Ar
	chaqueta	9	46,61 %	21,58	Es, EL, Cu, PR, Ec, Co, Ve, Pa, Ch
	americana	1	14,03 %	5,35	Es
	vestón	1	4.21 %	1,36	Ch

Mediante el análisis del concepto [BLACKBOARD], también podemos apreciar cómo el cálculo ponderado permite una mejor adecuación de la representatividad de las palabras. Aunque el método de cálculo utilizado por Ueda (1996) mostraba una representatividad similar para las palabras *pizarra* y *pizarrón*, al observar el GR(p) notamos que *pizarrón* tiene una representatividad significativamente mayor en el contexto hispanohablante.

Tabla 4. Análisis demolingüístico de [BLACKBOARD] con GR(g) y GR(p)

Concepto [BLACKBOARD] *Placa que se emplea para escribir*	GR(g)		GR(p)	
	pizarra	77,87	pizarrón	55,12
	pizarrón	71,84	pizarra	30,25
	tablero	24,52	tablero	11,76
	encerado	20,49	encerado	2,86

Otra ventaja de llevar a cabo un cálculo ponderado es que abordamos la cuestión de los *hápax* o registros únicos. Ueda (1999) propone la eliminación de las formas que han sido reportadas por un único informante, ya que no se consideran representativas de la población en su totalidad, sino más bien errores de encuesta o usos lingüísticos individuales. Al realizar una ponderación de los resultados, las respuestas únicas en un país tienen automáticamente una representatividad mínima, evitando así el problema metodológico que conlleva la eliminación de formas léxicas registradas.

VII. Parámetros para la estimación de la representatividad

El índice de representatividad de las nociones del PCIC que se ha analizado en el presente estudio, denominado GR(p), se deriva de la fórmula matemática explicada en la sección anterior. Para su cálculo, llevamos a cabo una serie de consultas en el programa MySQL, lo que nos permite acceder a los registros relativos a los informantes, encuestas, países y valores específicos de las variantes léxicas registradas.

(a) Conceptos y sus variantes

En el transcurso de este estudio, hemos examinado 182 conceptos de las 'Nociones específicas' del PCIC para los cuales existen datos de variación en las encuestas realizadas por Varilex. A cada uno de estos conceptos le corresponde una serie de variantes, lo que implica que nos enfrentamos a más de un millar de palabras distintas en el contexto de esta investigación.

(b) Países encuestados y su población

En la Tabla 5 se detallan los países examinados, su población, la abreviatura utilizada en el *Diccionario de americanismos* y su código ISO (International Organization for Standardization) correspondiente, el cual facilita la representación de países, territorios y áreas especiales de interés geográfico. Para la representación cartográfica de nuestros resultados, seguiremos el sistema ISO 3166-1 alpha-2. Aunque Varilex también aborda las variaciones a nivel intraurbano, en este estudio nos centramos en las comparaciones a nivel internacional.

Tabla 5. Países, población, abreviaturas y código ISO

País	Población	Dicc. Am.	ISO
Argentina	42 154 900	AR	RA
Bolivia	11 024 500	BO	BO
Chile	17 924 100	CH	CL
Colombia	49 529 200	CO	CO
Costa Rica	5 001 700	CR	CR
Cuba	11 248 800	CU	CU
Ecuador	16 225 700	EC	EC

(continúa)

País	Población	Dicc. Am.	ISO
El Salvador	6 426 000	EL	SV
España	47 199 100	ES	ES
Guatemala	16 255 100	GU	GT
Honduras	8 423 900	HO	HN
México	125 235 600	MX	MX
Nicaragua	6 256 500	NI	NI
Panamá	3 987 900	PN	PN
Paraguay	7 032 900	PA	PY
Perú	31 161 200	PE	PE
Puerto Rico	3 680 100	PR	PR
República Dominicana	10 652 100	RD	DO
Uruguay	3 430 000	UR	UY
Venezuela	31 292 700	VE	VE

(c) Informantes

Para la estimación de la representatividad, los datos léxicos son obtenidos de las encuestas realizadas por Varilex, que contemplan a 1373 informantes, de los cuales 690 son mujeres y 683 son hombres. La mayoría de los informantes se sitúan en el rango de edades entre 20 y 60 años, aunque también se registran casos aislados de informantes mayores de 60 años y menores de 20.

(d) Encuestas consultadas

Las encuestas de variación léxica utilizadas (denominadas A, B, C, D, E, F e I) están disponibles en la página web de Varilex. Estas encuestas abordan diversos campos semánticos, incluyendo 'prendas de vestir', 'casa', 'comida', 'transporte', 'escritorio', 'ocio', 'deporte', 'ciudad', 'naturaleza' y otros ámbitos del español en general. A continuación, se presentan ejemplos de preguntas de Varilex, que incluyen una definición, una imagen (junto con el concepto en inglés) y una serie de respuestas posibles (Ueda 1999):

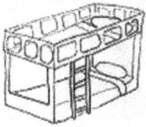

B034 [BERTH] Conjunto vertical de dos camas.

1)barandas; 2)cama camarote; 3)cama cucheta; 4)cama de dos pisos; 5)cama duplex; 6)cama litera; 7)cama marinera; 8)camarote; 9)camas literas; 10)camas marineras; 11)cucheta; 12)cuchetas; 13)litera; 14)literas; 15)bunk beds; 16)cama; 17)cama nido.
&)Otros: _____; #)No se me ocurre.
$)Comentario:

B011 [DEMIJOHN] Botella de plástico muy grande, por ej., de aceite.

1)bidón; 2)bidona; 3)bombona; 4)bombona de plástico; 5)botella; 6)botella de plástico; 7)botella grande; 8)botellón; 9)colón; 10)galón; 11)garrafa; 12)garrafón; 13)tambuche; 14)botellón plástico; 15)candungo; 16)pomo; 17)pomo plástico.
&)Otros: _____; #)No se me ocurre.
$)Comentario:

(e) Selección de variantes léxicas

Para la selección de las variantes léxicas sujetas a nuestro análisis, seguimos los siguientes criterios para el procesamiento de datos:

1. Consideramos que las distintas realizaciones fonéticas son formas de una misma palabra, por ejemplo, *chompa* y *chumpa*.
2. Las diferentes marcas ortográficas son tratadas como formas de una misma palabra, por ejemplo, *pulóver* y *pullover*.
3. Los cambios de género se agrupan como una sola forma, por ejemplo, *la/el radio*.
4. Los cambios de sufijo (como en *computador* y *computadora*) y las abreviaciones no se agrupan como una sola forma, sino como dos distintas, por ejemplo, "mesilla" y *mesita*, *televisión* y *tele*.
5. Cuando la información documental, como las consultas de corpus y diccionarios, contradice la correspondencia semántica de ciertas palabras, no consideramos estas alternancias, ya que nuestro objetivo es encontrar equivalentes semánticos con distribuciones geográficas diferentes (geosinónimos).
6. Gracias al cálculo del GR(p), no es necesario eliminar los hápax o registros únicos para los cálculos de representatividad en este estudio. Los datos ponderados asignan un peso muy bajo a los registros provenientes de un único informante.

VIII. El léxico y la cartografía

La utilización de mapas en los estudios dialectales tiene como objetivo verificar la distribución geográfica de variantes lingüísticas en un momento específico, proporcionando una representación visual de la lengua en cuestión (Coseriu et al. 1981). En este sentido, nuestro análisis demolingüístico se presta adecuadamente para la cartografía, especialmente debido a que los resultados se han obtenido a partir de una red de localidades predefinida, utilizando un mismo cuestionario, en condiciones acordadas y con un nivel de uso lingüístico uniforme (García Mouton 1990). Por lo tanto, para la divulgación de los resultados del análisis demolingüístico, hemos desarrollado un sistema de cartografía lingüística, basado en los principios onomasiológicos de las encuestas de Varilex.

Tras considerar diversas metodologías para representar datos espacio-temporales, hemos optado por aprovechar las capacidades del entorno R, ampliamente utilizado para análisis estadísticos en la investigación. En particular, hemos empleado el paquete Shiny, desarrollado por R Studio, el cual permite la creación de aplicaciones web interactivas.

En este monográfico, presentamos, a través de mapas, la distribución espacial de las variantes léxicas de las 'Nociones específicas' que han sido analizadas en términos de representatividad. Consideramos que la cartografía proporciona una visualización confiable de los mapas lingüísticos y permite extraer conclusiones e interpretaciones fundamentales sobre las variantes léxicas. Como veremos en el siguiente apartado, los mapas impresos que incluye este monográfico están organizados siguiendo la triple ampliación de las 'Nociones específicas' propuesta en este monográfico, esto es, el léxico analizado se agrupa en tres grandes bloques: panhispanismos, americanismos y españolismos.

Aunque en este monográfico incluimos los mapas de aquellas nociones del PCIC que, según nuestros datos, debieran llevar marcas geolectales, la totalidad de los datos léxicos analizados en esta investigación se puede consultar en una aplicación digital interactiva (Chacón García y Perpiñán Lamigueiro 2016). Esta herramienta web permite acceder a la información demolingüística de cada concepto de Varilex de manera dinámica e intuitiva, a través de mapas dinámicos y de los índices de representatividad calculados. Esta forma de representación basada en mapas dinámicos interactivos constituye una práctica innovadora que contribuye a una mayor visibilidad y alcance de la investigación, y aumenta las posibilidades de aplicación, lectura e interpretación de los datos léxicos en diversos ámbitos del conocimiento.

El empleo de la aplicación virtual dinámica permite la consulta de los tres geosinónimos más destacados de cada concepto del PCIC analizado, a través de mapas interactivos. Se puede acceder de forma gratuita a través del siguiente enlace: https://carmenchacon.shinyapps.io/PCIC/ En la esquina superior izquierda, podemos seleccionar el concepto en inglés que nos interesa investigar. Esto activa automáticamente un mapa que muestra las variantes léxicas correspondientes con colores distintos según las palabras y círculos de diferentes tamaños, que indican el mayor o menor grado de representatividad. En la tabla de resultados en la parte inferior, se muestra el GR(p) de cada palabra y una lista de los países donde se ha registrado cada variante, lo que complementa la información cartográfica del programa.

Grado de Representatividad léxica del español

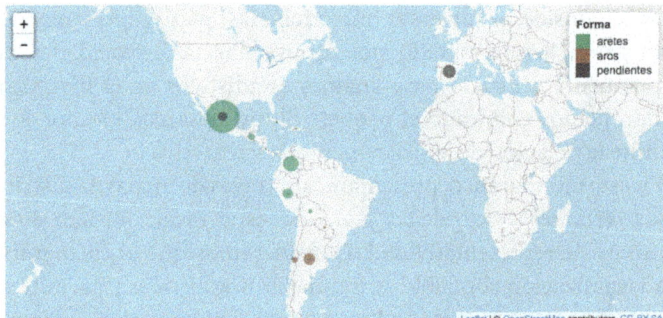

Análisis demolingüístico: Carmen Chacón García. Fuente de datos: Varilex. Representación realizada por Oscar Perpiñán Lamigueiro.

forma	GR	país
aretes	48.89	MX, CO, PE, GT, BO, EC, CU, DO, CR, ES, SV, VE, PA, NI, HN, CL, UY, PR
pendientes	16.52	ES, MX, AR, PE, CU, BO, CL, NI, DO, PY, PA, UY, PR
aros	13	AR, CL, PY, DO, ES, CU, PA, UY, NI, PR
zarcillos	8.39	VE, ES, DO, PY, NI, CU, PA, PR

El sistema de mapas de símbolos proporcionales garantiza una correcta legibilidad para el usuario y resulta apropiado para exponer los resultados del estudio: se escoge un símbolo –en nuestro caso es un círculo– y se representa con tamaños diferentes, de modo que podamos visualizar en el mapa la proporción de la variable estudiada, esto es, el GR(p). También nos permite representar la alternancia de diferentes geosinónimos en un mismo país, mediante círculos concéntricos de diferentes colores con sus respectivos grados de representatividad –véase México en el mapa de la aplicación.

Respecto a la simbología, hemos elegido círculos frente a otras figuras geométricas (como cuadrados, esferas o cubos) o pictográficas (como diagramas de barras o dibujos) puesto que, según Brewer (1994) y Slocum et al. (2010), el círculo es el icono más estable visualmente. Es importante destacar que este tipo de cartografiado virtual permite realizar modificaciones sobre los mapas, incluyendo nuevos datos o rectificando los posibles errores. Además, se pueden añadir otras informaciones, como particularidades semánticas, apoyos visuales de cada noción, especificaciones de tipo histórico, geográfico, de distribución, de uso o zonas geolectales.

Grado de Representatividad léxica del español

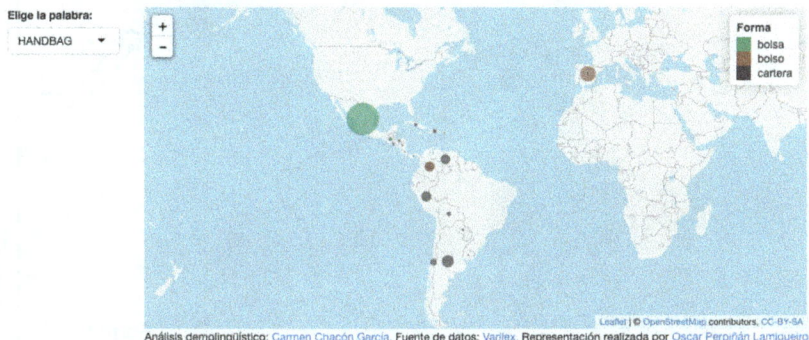

Análisis demolingüístico: Carmen Chacón García. Fuente de datos: Varilex. Representación realizada por Oscar Perpiñán Lamigueiro.

forma	GR	país
cartera	47.56	AR, PE, VE, CO, CL, EC, BO, DO, GT, MX, CU, HN, SV, PY, ES, UY, NI, PA, PR, CR
bolsa	22.87	MX, GT, CU, CR, ES, PA, DO
bolso	22	ES, CO, MX, VE, NI, CU, CR, AR, PE, HN, PY, CL, PR, DO, PA
bolso de mano	7.58	MX, AR, PE, SV, PY, ES, PR, PA

Además de los mapas dinámicos que generan las consultas interactivas de la página, el paquete Shiny también permite generar mapas estáticos de representatividad léxica, que son los que presentamos en este monográfico. Se trata de mapas similares a los generados por la aplicación virtual. En ellos localizamos los tres geosinónimos con mayor grado de representatividad de cada concepto analizado.

En los estudios dialectales, una vez se han cartografiado los datos lingüísticos, se requiere un estudio adicional exhaustivo para interpretar la realidad que representan. En ciertas ocasiones, esta distribución geográfica nos proporciona pistas para corroborar hipótesis lingüísticas o, en otros casos, para descartarlas (García Mouton 1990). Al examinar los mapas de geosinónimos, podemos obtener información muy valiosa sobre la variación léxica. Por ejemplo, los mapas permiten identificar cómo algunos geosinónimos cambian su distribución en el espacio, lo que conlleva al desplazamiento de unas palabras que son sustituidas por otras. Veamos un ejemplo:

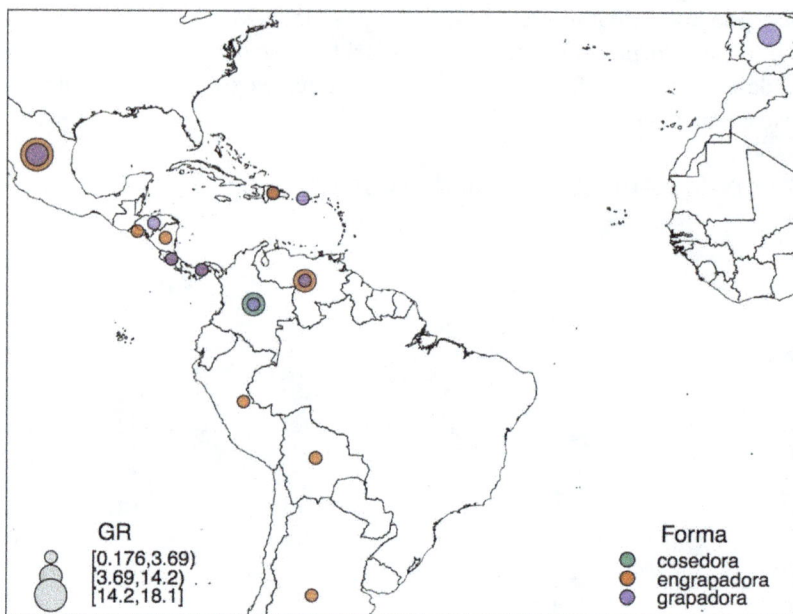

Aunque según los datos de Varilex –que aparecen detallados en la aplicación virtual interactiva– en España se han registrado dos variantes léxicas para [STAPLER]: *grapadora* y *engrapadora*, según el mapa en España hay solo una voz altamente representativa: *grapadora*. De hecho, si consultamos el CORPES no aparece ningún registro de *engrapadora*. Así, podemos afirmar que, tal y como se desprende del estudio de los mapas, *grapadora* ha sustituido finalmente a la voz *engrapadora*, aunque esta voz todavía se incluye en el *Diccionario de Lengua Española* (2014).

La representación cartográfica también evidencia la presencia de americanismos. Por ejemplo, analicemos el término [OVERALLS]. Tanto en el mapa lingüístico como en la tabla de distribución, podemos notar que la palabra *overol* es utilizada en 19 de los 20 países estudiados, a pesar de ser poco común en España.

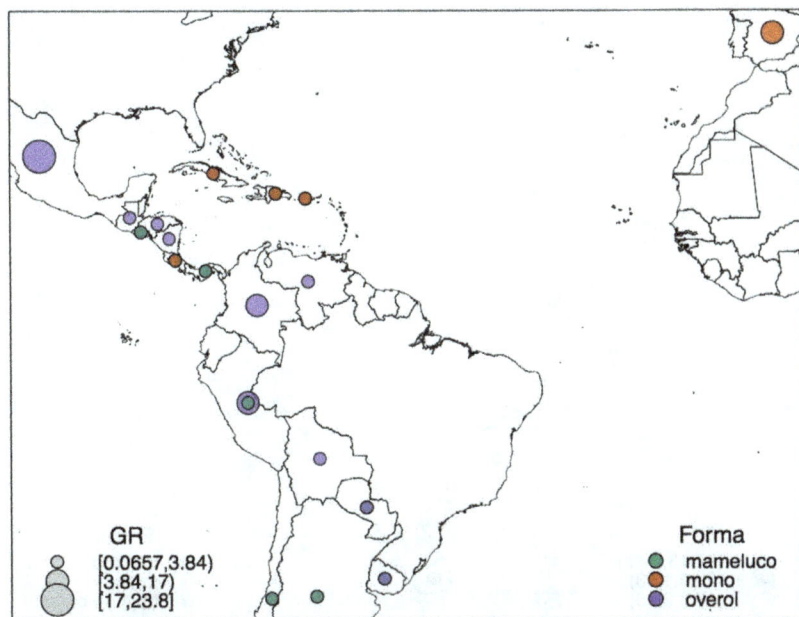

La revisión de los datos de geosinónimos mediante los mapas también evidencia la presencia de términos propios del español de España o conceptos exclusivos de esta variante lingüística. Un ejemplo de ello es el término *bañador*,
muy representativo del español de España, pero no se encuentra registrado en
el resto de las regiones hispanohablantes.

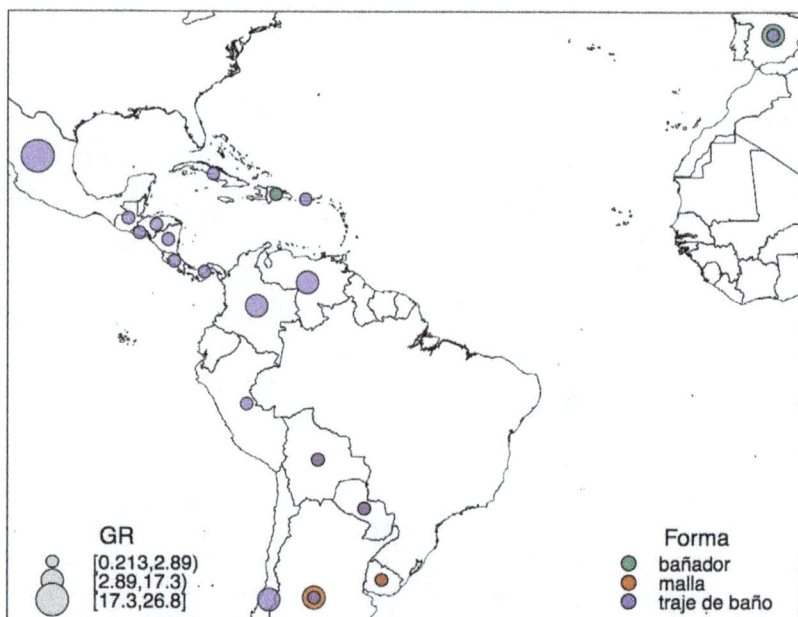

Los mapas de representatividad léxica también muestran cómo se utilizan varios geosinónimos en una misma región, gracias al sistema de círculos concéntricos proporcionales que amalgaman varios colores. Si nos referimos, por ejemplo, al término *aretes*, podemos observar en el mapa de nuestra herramienta que existen tres variantes posibles que son ampliamente utilizadas en la geografía hispanohablante: *aretes*, *aros* y *pendientes*. Entre estas opciones, *aretes* es la más frecuente, pero coexiste con *pendientes*, que es preferida tanto en el resto del continente americano como en España (GR [Mx] = 5,28):

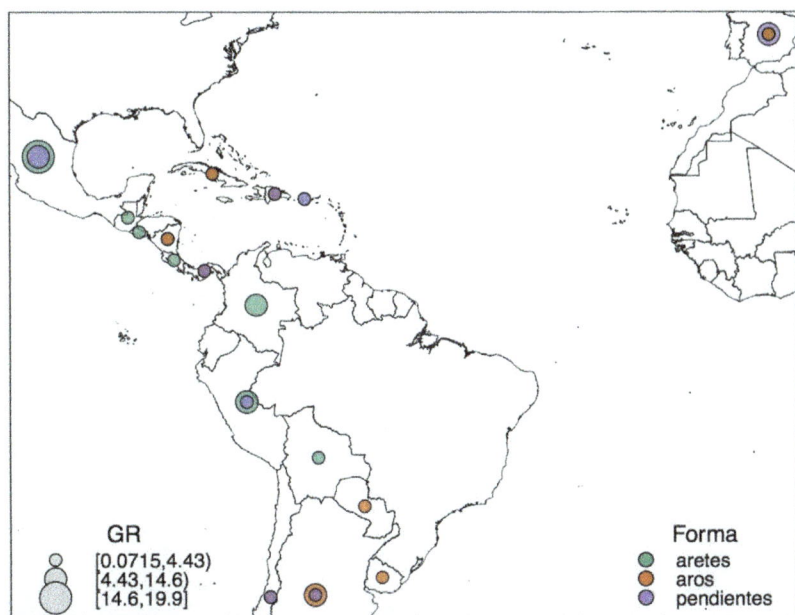

Como podemos observar, la representación gráfica de datos dialectales ofrece importantes utilidades para campos como la geografía lingüística y la dialectología, lo que constituye una clara ventaja para el análisis de la variación diatópica. De esta manera, la representación cartográfica pone de manifiesto fenómenos como la estructuración del léxico, la localización de los términos, la vitalidad de las voces, la innovación, el conservadurismo o las relaciones interdialectales.

IX. Perspectiva panhispánica para las 'Nociones específicas' del PCIC

El propósito fundamental de este estudio es ofrecer una expansión del inventario léxico del PCIC a nivel panhispánico en tres aspectos principales: la inclusión de panhispanismos, la incorporación de americanismos y la identificación de españolismos. Este proceso minucioso y complejo se sustenta en una metodología específica, que consta de diferentes etapas. En primer lugar, resulta crucial determinar el grado de representatividad de las 'Nociones específicas' propuestas por el PCIC. Aquellos términos que presenten una baja representatividad, es decir, una puntuación baja en su GR(p), sugieren la posible existencia de otras alternativas léxicas que podrían ser más representativas en el contexto hispanohablante.

Una vez se identifican las posibles alternativas geográficas a los términos del PCIC, que denominamos *geosinónimos*, evaluamos si se trata de voces panhispánicas o americanas, y calculamos su GR(p). Si las alternativas a las voces del PCIC tienen un GR(p) mayor, proponemos su inclusión junto a los términos de referencia de las 'Nociones específicas'. En los casos en los que no encontramos una palabra alternativa altamente representativa, examinamos su frecuencia y distribución en las diversas áreas dialectales del español y consideramos su posible inclusión. En todos los casos se evita agregar términos locales o minoritarios al PCIC, para mantener el inventario alineado con los objetivos generales de la obra.

Nuestra propuesta enfrenta ciertas dificultades. Por un lado, dado que la variación es una característica intrínseca al uso del idioma, cuando establecemos relaciones entre los múltiples subsistemas lingüísticos del español, la clasificación del léxico se convierte en un terreno problemático. Así, elaborar una teoría intralingüística de la variación no es factible, ya que el léxico es un sistema abierto, inacabado y potencialmente infinito, que carece de una estructura definida (Chaudenson 1993). Por otro lado, en la mayoría de los casos, incluso las palabras locales, denominadas regionalismos, se utilizan —o al menos, se conocen— en otras regiones geográficas, lo que dificulta hablar de regionalismos *stricto sensu* (Ávila 2004).

La propuesta de ampliación de las 'Nociones específicas' del PCIC que aquí se presenta está basada en cálculos demolingüísticos que permiten evaluar un concepto abstracto como la representatividad, utilizando criterios geográficos y demográficos. No obstante, es importante destacar que esta propuesta inicial debe ser ampliada y revisada en futuros trabajos.

Esta renovación y ampliación del léxico del PCIC se basa en oposiciones geolectales simples, donde una forma *x* del PCIC se contrapone a otra forma *y* con
una distribución geográfica específica, como es el caso de *vaqueros* en España
y *jeans* en México. Sin embargo, la variación léxica va más allá de estas equivalencias directas entre dialectos y requiere considerar los subsistemas léxico-
semánticos, así como los valores connotativos y denotativos de las variantes
(Ávila 1997). Además de las oposiciones diatópicas simples, encontramos oposiciones connotativas, donde diferentes voces coexisten dentro de un mismo
subsistema lingüístico, como *sujetador* /*sostén* en España y *sostén* en Chile.
También se observan oposiciones denotativas, donde una misma palabra puede
tener significados distintos en diferentes regiones, como *lapicero* en España
(*bolígrafo*) y en Perú (*portaplumas*).

En este trabajo nos hemos enfocado exclusivamente en las oposiciones diatópicas simples. El propósito es identificar geosinónimos sin matices ni precisiones de significado, como, por ejemplo: *falda* (Es) ~ *pollera* (Ar); *ordenador* (Es)
~ *computadora* (Mx); *vaqueros* (Es) ~ *jeans* (Mx). De hecho, la mayoría de las
oposiciones registradas en Varilex se ajustan a este tipo de configuración (Ávila
1997). En todo caso, reconocemos la posibilidad de existencia de otras oposiciones en los diferentes subsistemas lingüísticos del español. Como veremos,
prestamos especial atención a aquellas palabras que puedan cambiar su significado según la región en que se utilicen, así como a los rasgos de uso vinculados
al registro, al grupo social o a las connotaciones históricas.

Antes de presentar nuestra propuesta de ampliación veamos un ejemplo del
procedimiento que hemos seguido para valorar la posible inclusión de variantes
léxicas en las 'Nociones específicas' del *PCIC*.

Si acudimos al apartado «12.2. Ropa, calzado y complementos» del nivel
A2 de las «Nociones específicas» del *PCIC,* encontramos la voz *calcetines,*
que corresponde al concepto [SOCKS] de Varilex y se define como 'Prenda de
punto que recubre el pie'. La base de datos de Varilex registra tres variantes
léxicas representativas para este concepto (además de otras que no tendremos
en cuenta por su baja representatividad): *calcetines, medias* y *soquetes*. Veamos
a través de la aplicación virtual los datos que queremos analizar:

Grado de Representatividad léxica del español

Elige la palabra:

SOCKS ▾

Forma
■ calcetines
■ medias
■ soquetes

Leaflet | © OpenStreetMap contributors, CC-BY-SA

Análisis demolingüístico: Carmen Chacón García. Fuente de datos: Varilex. Representación realizada por Oscar Perpiñán Li

forma	GR	país
calcetines	47.23	MX, ES, GT, EC, HN, CL, PE, CO, BO, SV, NI, AR, CU, VE, DO, PA, PY, UY, PR, CR
medias	38.79	CO, VE, MX, PE, AR, DO, CU, PY, CR, BO, PA, PR, CL, UY, ES, NI
soquetes	6.3	AR, CL, MX, BO, PY, UY
calcetas	3.73	MX, CL, NI, ES

La palabra que figura en el PCIC con el mayor GR es *calcetines* (GR = 47.23), considerada representativa del español. No obstante, se observa una voz con una representatividad similar, *medias* (GR = 38.79), particularmente aportada por informantes americanos. La palabra que incluye el *PCIC* es la que tiene mayor GR: *calcetines* (GR = 47.23).

Con el objetivo de validar los datos de Varilex y precisar la extensión y significado del término, buscamos la noción *medias* en el *Diccionario de americanismos*:

> **medias** f. *ES, Ni, CR, Pa, Cu, RD, PR, Co, Ve, Ec, Pe, Bo, Ch, Py, Ar, Ur.* Calcetín, prenda que cubre el pie y llega hasta la pantorrilla.

Gracias a esta herramienta de referencia, podemos corroborar que *medias* se corresponde con el concepto [SOCKS] y se utiliza en 16 países del mundo hispanohablante, distribuyéndose a lo largo de todas las áreas dialectales americanas: Centroamérica [–Mx], Antillas, Caribe continental, zona andina, zona rioplatense y Chile[2].

---

2   Considerar la distribución geográfica de las variantes léxicas es fundamental para nuestro trabajo puesto que, como ya hemos explicado, el léxico que presentamos a

Una vez terminada la revisión, podemos afirmar que si pretendemos dotar de una mirada integradora y panhispánica al repertorio léxico 'Nociones específicas' que incluye el *PCIC*, consideramos que la palabra *medias* debería aparecer junto al término de referencia *calcetines*.

En relación con la tercera voz registrada por Varilex, *soquetes* (GR = 6,29), no resulta pertinente considerar su inclusión por dos motivos: en primer lugar, porque tiene un GR muy inferior a las otras opciones; por otro lado, si acudimos al *Diccionario de americanismos*, observamos que *soquetes* conforma una oposición denotativa respecto a *calcetines* y *medias*, puesto que tiene una diferencia de significado. Un *soquete* es un tipo de calcetín corto, que cubre el pie hasta el tobillo. Podemos afirmar que esta alternativa no está al mismo nivel que *calcetines* ~ *medias* y no nos interesa para la ampliación.

---

los estudiantes debe cumplir los criterios de extensión, rentabilidad y frecuencia, sobre todo en los primeros niveles de aprendizaje (Chacón García 2014).

PROPUESTA 1
Inclusión de panhispanismos en el PCIC

PROPUESTA 1
Inclusión de panhispanismos en el PCIC

Las palabras panhispánicas son aquellas que mantienen un significado idéntico tanto en España como en América. Constituyen la gran mayoría del léxico español, siendo comunes y compartidas, aunque suelen coexistir con otras voces sinónimas en diferentes regiones. Los panhispanismos revisten una importancia fundamental en el proceso de aprendizaje, puesto que son términos imprescindibles que representan el núcleo esencial del español, facilitando la comunicación con hablantes de español en una amplia variedad de contextos. Estos términos constituyen el verdadero estándar de la lengua. Especialmente en niveles básicos, es preferible evitar términos locales en favor de aquellos que se ajusten al criterio de eficacia pedagógica y que estén respaldados por un alto grado de representatividad (Chacón García 2014).

Como hemos advertido, los términos propuestos en las 'Nociones específicas' están basados en la variedad centro-norte peninsular española. Sin embargo, nuestro análisis demolingüístico de los datos de Varilex revela la existencia de geosinónimos panhispánicos con un mayor grado de representatividad para algunos de estos términos. Por lo tanto, además de los términos de referencia, consideramos pertinente incluir otras alternativas léxicas, que además de ser empleadas en la variedad peninsular española, también son compartidas por la mayoría de las regiones hispanohablantes.

Es importante considerar que la coexistencia de dos variantes léxicas en un mismo territorio puede llevar a una variación connotativa, donde cada variante pueda tener diferentes marcas de uso entre los hablantes. Una de las voces podría ser más común que la otra en ciertos grupos sociales, registros de uso o períodos temporales específicos. Además, es posible que una de las variantes tenga connotaciones semánticas particulares. En tal caso, estaríamos ante una variación denotativa con un cambio de significado, lo que llevaría a descartar su inclusión.

En nuestro análisis hemos identificado 22 voces panhispánicas que muestran un GR mayor que los términos de referencia del PCIC. Se ha establecido que una voz constituye un panhispanismo representativo del español cuando:

(a) Se encuentra registrada tanto en España como en América.
(b) Aparece en al menos cuatro de las siete zonas geográficas del español, que incluyen España, Centroamérica, Antillas, Caribe continental, zona andina, zona rioplatense y Chile.
(c) Se ubica en la primera o segunda posición en términos de representatividad (GRp) con respecto a todas las respuestas recopiladas en la base de datos de Varilex.

Los criterios mencionados anteriormente aseguran que la noción panhispánica que proponemos añadir al PCIC tiene una amplia presencia en el ámbito hispanohablante (criterio b) y es parte del léxico activo o pasivo utilizado por los hispanohablantes en la actualidad (criterio c).

Presentamos a continuación la propuesta de ampliación de voces panhispánicas, según los niveles de dominio establecidos en el PCIC. Veamos los panhispanismos que pueden incorporarse, según los datos empíricos de Varilex, a los niveles iniciales de enseñanza de español:

Nivel A1-A2				
Término del PCIC	GR	Panhispanismo	GR	Concepto Varilex
jersey	9,11	suéter	51,46	SWEATER
gafas	26,13	lentes	40,29	GLASSES
bañador	8,3585	traje de baño	60,59	SWIMSUIT
nevera	25,76	refrigerador	42,75	REFRIGERATOR
bocadillo	15,9	sándwich[3]	49,11	SANDWICH
salón	2,03	sala	45,07	LIVING ROOM
sujetador	7,04	sostén	36,37	BRASSIERE
reservado	4,38	retraído	19,75	MEEK
enfadado	8,39	enojado	26,62	ANGRY

La propuesta de ampliación de panhispanismos aumenta en todos los casos la representatividad de las 'Nociones específicas' y permite identificar aquellos panhispanismos más representativos en el ámbito hispanohablante. Como se puede apreciar en los gráficos, la gran diferencia en términos de representatividad justifica la pertinencia de incorporar estas voces panhispánicas al inventario.

---

3 Seguimos la ortografía recomendada por el *Diccionario panhispánico de dudas* (2005).

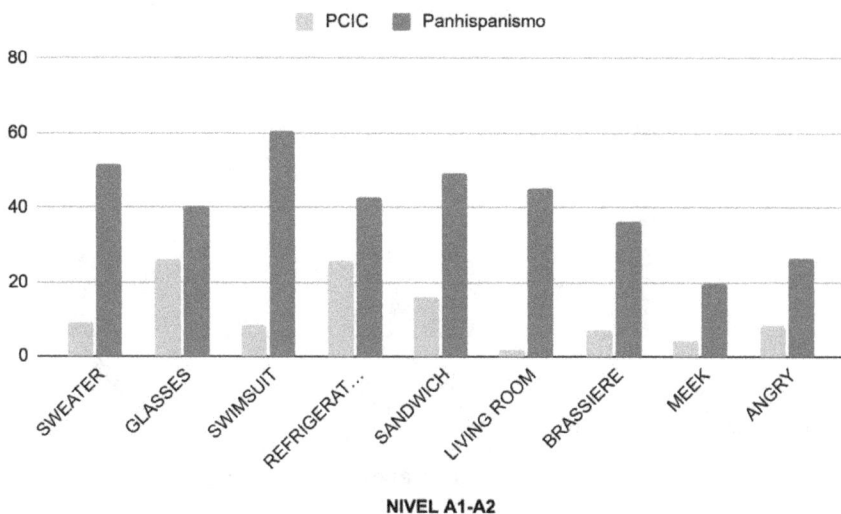

Lo mismo sucede con los niveles intermedios (B1-B2) y los niveles avanzados (C1-C2). Encontramos un repertorio de panhispanismos que cuentan con mayor grado de representatividad, según los cálculos demolingüísticos:

Nivel B1-B2				
Término del PCIC	GR	Panhispanismo	GR	Concepto Varilex
girar	8,13	doblar	27,61	TURN (TO THE RIGHT)
matrícula	14,83	placa	68,47	NUMBER PLATE
torta	1,33	bofetada	33,6	SLAP
nota	13,64	puntuación	33,5	MARK
arrogancia	12,11	soberbia	25,88	ARROGANCE
valentía	12,23	valor	31,42	COURAGE
carrera	1,26	licenciatura	50,49	DEGREE
callado	3,58	retraído	19,75	MEEK
enfadarse	11,7	enojarse	27,45	GET ANGRY

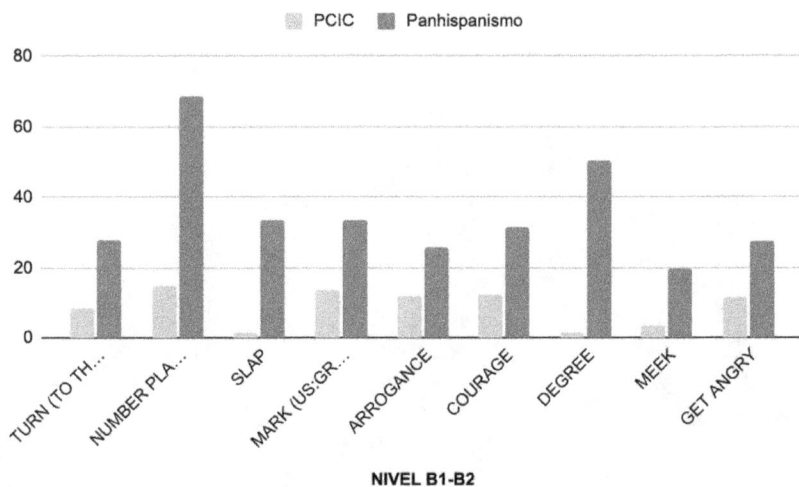

NIVEL B1-B2

Nivel C1-C2				
Término del PCIC	GR	Panhispanismo	GR	Concepto Varilex
coraje	23,16	valor	47,68	COURAGE
atiborrarse	0,59	hartar, hartarse	8,53	EAT TOO MUCH
forofos	0,41	aficionados	44,41	FANS
tener buen saque	2,68	comer como una vaca	51,38	EAT LIKE A HORSE

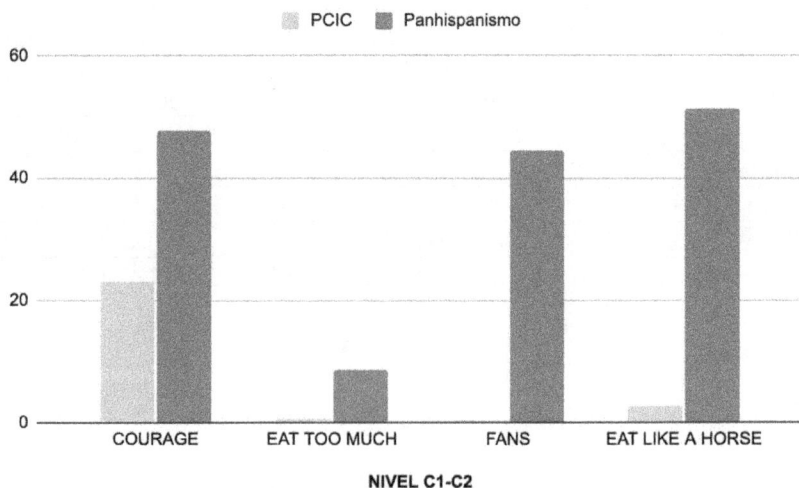

NIVEL C1-C2

Los pares de geosinónimos pueden usarse tanto en el español de España como en el de la mayoría de las regiones hispanohablantes. Incluir estas variantes panhispánicas representativas mejora la calidad y el carácter panhispánico del inventario léxico propuesto por el Instituto Cervantes. Voces como *jersey* y *suéter* son intercambiables en España, pero *suéter* es más común en todo el ámbito hispanohablante.

Como ya hemos comentado, a veces una variante puede estar marcada connotativamente, como *gafas* y *lentes* en España. En todo caso, la propuesta de incluir las dos voces en el inventario supone mejorar y ampliar la representatividad del repertorio, aunque en ocasiones suponga incluir matices o precisiones de significado.

La inclusión de panhispanismos en el PCIC resulta especialmente importante cuando la palabra propuesta por el Instituto Cervantes es una palabra exclusiva o privativa del español de España. Así, por ejemplo, la voz recogida por el PCIC, *bañador* (GR = 8,35), se utiliza exclusivamente en España y tiene un GR considerablemente inferior a la noción *traje de baño* (GR = 60,59), que es empleada en España y América y que, además, es más transparente para el estudiante de español como segunda lengua. Recordemos la importancia del criterio de transparencia en la selección léxica, que recoge el MCER (2001) en el capítulo § 6.4.7.3.

Además de los panhispanismos expuestos en las tablas anteriores, en este trabajo se han identificado otras voces panhispánicas, que son comunes a España e Hispanoamérica, pero que cuentan con un GR(p) ligeramente superior a los términos del PCIC. Al no tratarse de voces con una representatividad claramente superior a las propuestas en las 'Nociones específicas', hemos analizado los casos separadamente.

En este sentido, junto a la voz *anciano*, proponemos el panhispanismo *viejito*, con un sufijo lexicalizado –ito que se ha extendido de forma significativa tanto en América como en España; dentro del mismo campo semántico, junto a la voz *joven* proponemos incluir la palabra *muchacho*, debido a su vitalidad en todo el territorio hispánico.

Por el contrario, aunque la serie {*tina* ~ *engrapadora* ~ *flojo* ~ *bárbaro*} es reconocida en el español de España, las variantes {*bañera* ~ *grapadora* ~ *vago*, *brillante*} son considerablemente más frecuentes. Por ello, no se han considerado panhispanismos suficientemente representativos y quedan excluidos de nuestra propuesta de ampliación. La voz *engrapadora*, aunque se incluye en el *Diccionario de Lengua Española* (2014), no se registra en ningún documento del CORPES publicado en España. Las voces *maletín* ~ *portafolios* alternan como sinónimos. La noción *pantis* tiene un muy bajo GR(p), frente *pantimedias*

(GRp = 31,61), que sí se podría incluir junto al término *medias* como americanismo representativo. Por último, la voz *flacucho* tampoco resulta pertinente, porque deriva de *flaco* y constituye una forma marcada gramaticalmente por el sufijo –ucho que adopta en España los rasgos [+ coloquial, + despectivo].

Otras oposiciones léxicas panhispánicas también se han descartado bien porque suponen cambios de significado según los diccionarios (*pañuelo* ~ *chal*, *tormenta* ~ *aguacero*), o bien por su enorme parecido formal (*tener estrella* ~ *nacer con estrella*).

En este primer apartado dedicado a la búsqueda de nociones panhispánicas representativas, es importante destacar que, durante nuestras consultas en los datos de Varilex, hemos identificado algunas oposiciones léxicas que presentan diferencias semánticas significativas, por lo que no son consideradas relevantes para nuestra ampliación. Por ejemplo, al examinar el término de referencia *pañuelo*, incluido en el PCIC, encontramos la oposición *pañuelo* ~ chal, que no ha sido considerada debido a que implica un cambio en el significado relacionado con la forma. Según los diccionarios consultados, *chal* se caracteriza por su forma rectangular (descrita como "mucho más largo que ancho" en el DLE), mientras que *pañuelo* suele tener una forma cuadrada. Por lo tanto, esta oposición fue descartada al no constituir una clara alternancia diatópica.

Del mismo modo, la oposición *tormenta* ~ aguacero también implica un cambio de significado según lo definido por el DLE: *aguacero* se caracteriza por su corta duración, mientras que *tormenta* viene acompañada de fenómenos eléctricos. Además, hemos excluido las oposiciones panhispánicas que presentan similitudes formales muy cercanas, ya que su ampliación no aportaría un valor significativo al PCIC. Un ejemplo de esto es la alternancia *tener estrella* ~ *nacer con estrella*.

Para concluir, incorporar palabras comunes a todo el ámbito hispanohablante en los programas de enseñanza del español es una necesidad urgente. El análisis desarrollado para este trabajo permite identificar aquellas palabras compartidas por la mayoría de los hablantes de español. El objetivo es añadirlas a las obras de referencia para la enseñanza de español y a los repertorios léxicos, en particular, a las 'Nociones específicas' del PCIC. Es importante recordar que estos inventarios abiertos de vocabulario de español cumplirán su propósito didáctico en la medida que incluyan nociones que puedan ser reconocidas y utilizadas en toda la geografía hispanohablante.

ANGRY

Que tiene un disgusto muy fuerte
PCIC: *enfadado*
Nivel: A1-A2
Alternativa panhispánica: *enojado*

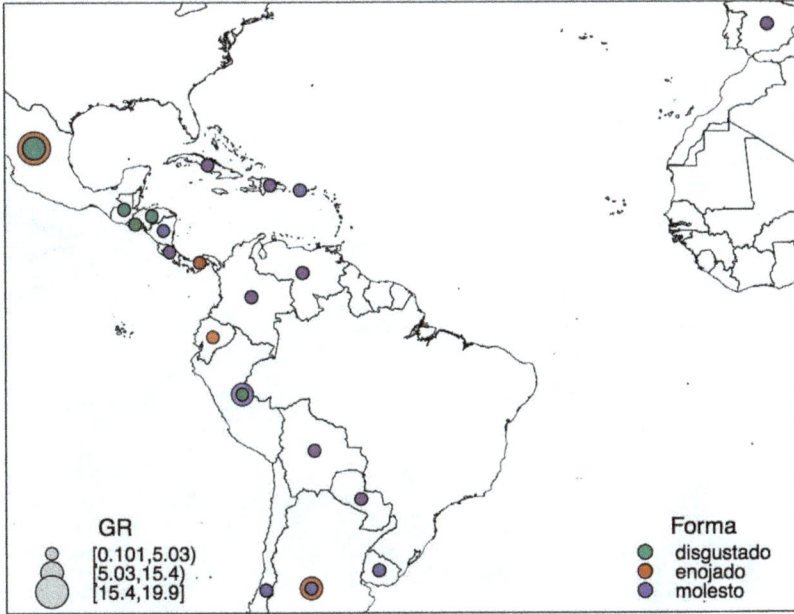

ARROGANCE

Orgullo excesivo o sentimiento de superioridad frente a los demás
PCIC: *arrogancia*
Nivel: B1-B2
Alternativa panhispánica: *soberbia*

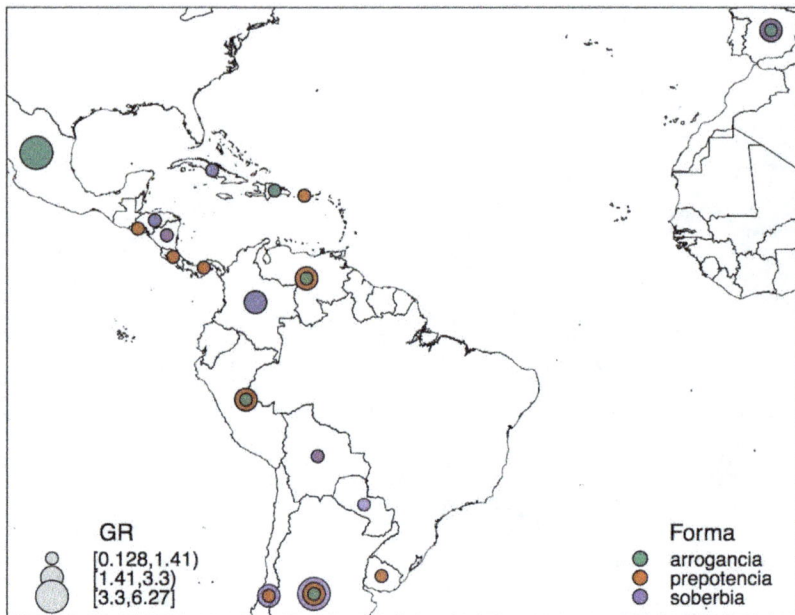

BRASSIERE

Prenda interior femenina que se utiliza para sujetar los senos
PCIC: *sujetador (Esp)*
Nivel: A1-A2
Alternativa panhispánica: *sostén*
Alternativa americana: *brassiere*

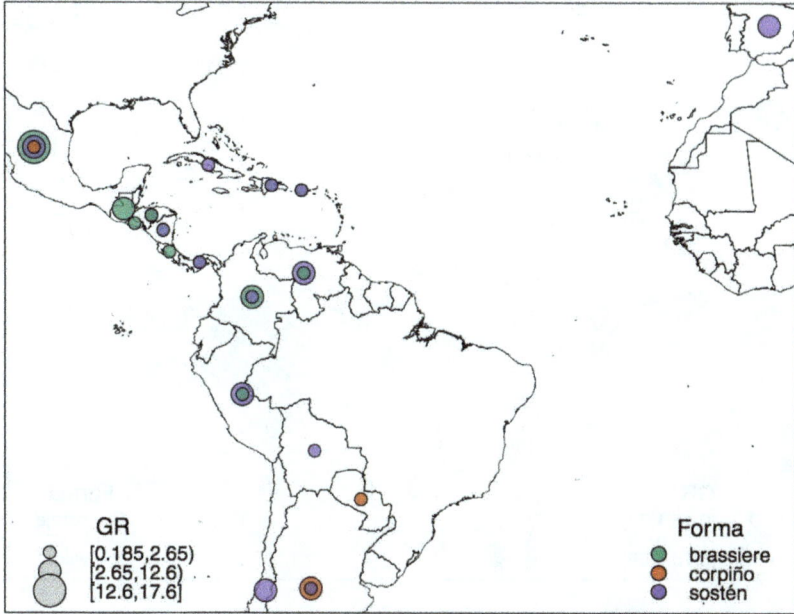

COURAGE

Cualidad de valiente
PCIC: *coraje*
Nivel: C1-C2
Alternativa panhispánica: *valor*

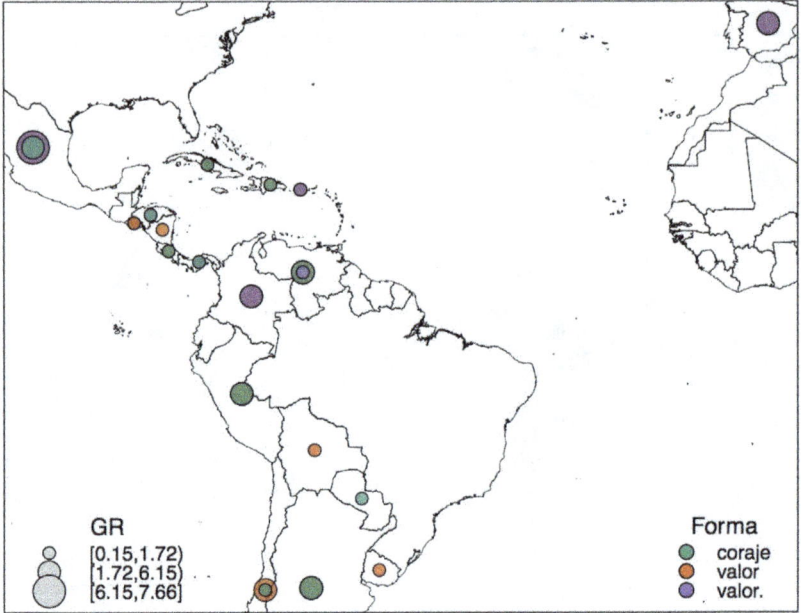

DEGREE

Grado académico que permite ejercer una profesión al terminar los estudios en la universidad
PCIC: *carrera*
Nivel: B1-B2
Alternativa panhispánica: *licenciatura*

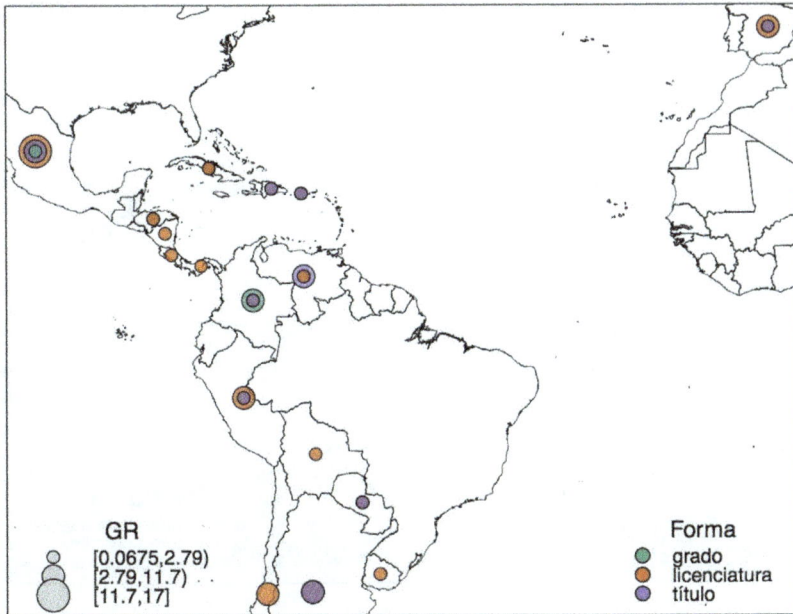

EAT LIKE A HORSE

Comer mucho: "No sé cómo no revientan de tanto comer. Estos muchachos (***)"
PCIC: *tener buen saque (Esp)*
Nivel: C1-C2
Alternativa panhispánica: *comer como una vaca*

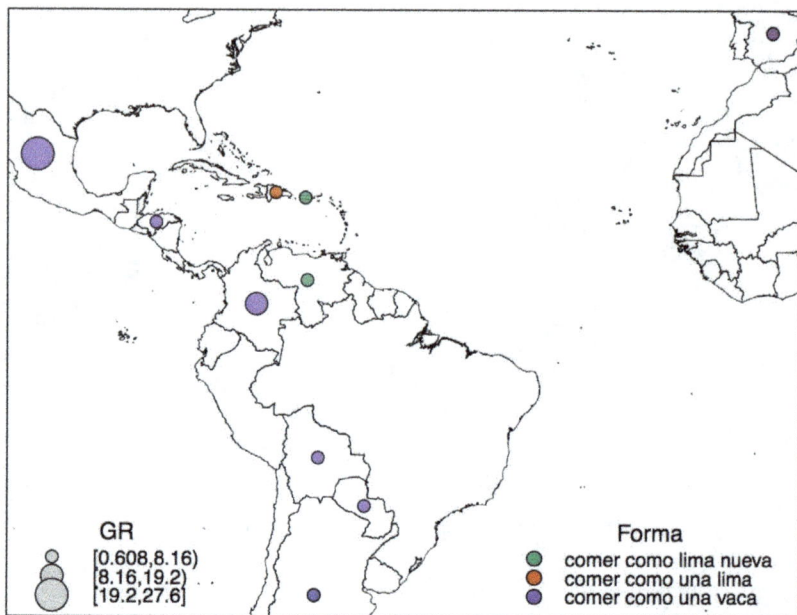

GR
[0.608,8.16)
[8.16,19.2)
[19.2,27.6]

Forma
comer como lima nueva
comer como una lima
comer como una vaca

GLASSES

Anteojos usados corrientemente que se apoyan en la nariz y en las orejas. No son de color oscuro para el sol
PCIC: *gafas*
Nivel: A1-A2
Alternativa panhispánica: *lentes*
Alternativa americana: *anteojos*

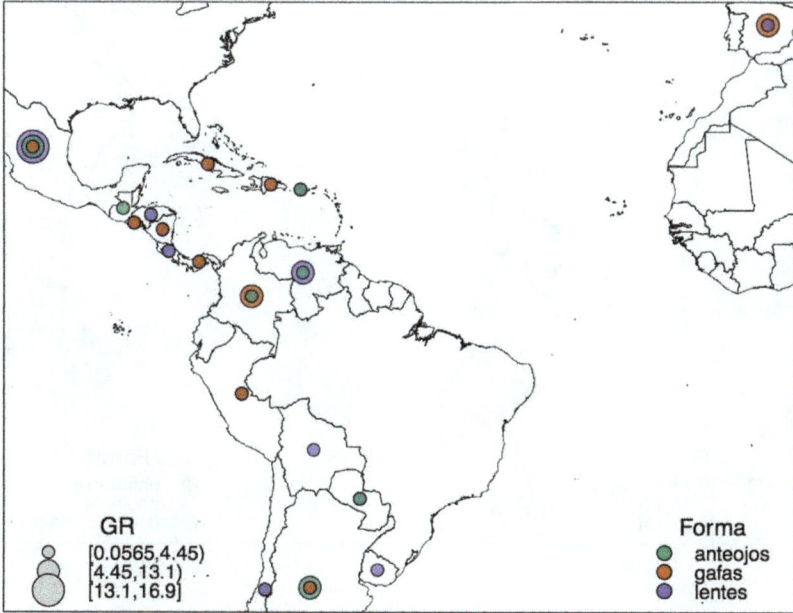

GET ANGRY

Enojarse, enfadarse. "Cuando supo la verdad, [***] mucho."
PCIC: *enfadarse*
Nivel: B1-B2
Alternativa panhispánica: *enojarse*

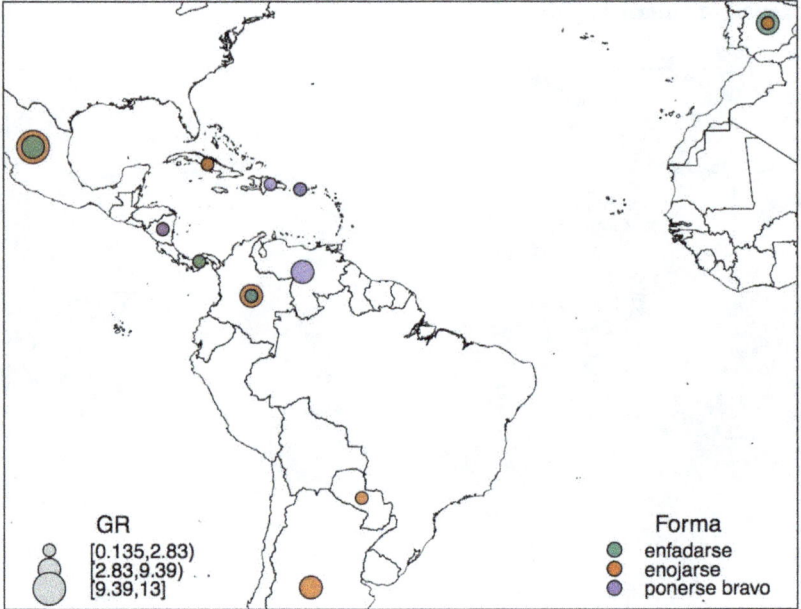

GR
[0.135,2.83)
[2.83,9.39)
[9.39,13]

Forma
enfadarse
enojarse
ponerse bravo

LIVING ROOM

Sala para estar cómodo, para ver la televisión, etc.
PCIC: *salón*
Nivel: A1-A2
Alternativa panhispánica: *sala*

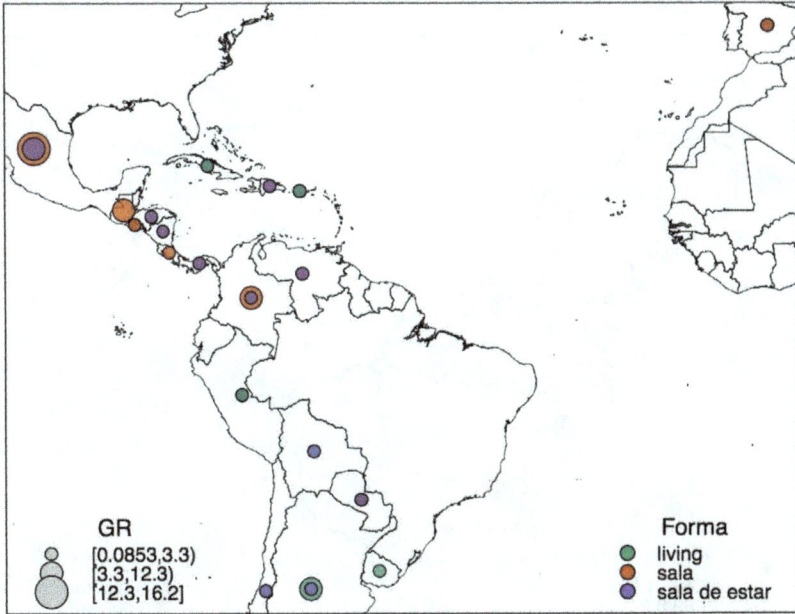

MARK (US: GRADE)

Nota que se pone a un ejercicio
PCIC: *nota*
Nivel: B1-B2
Alternativa panhispánica: *puntuación*
Alternativa americana: *puntaje*

MEEK

El que está siempre callado y no trata con nadie
PCIC: *reservado*
Nivel: A1-A2
Alternativa panhispánica: *retraído*

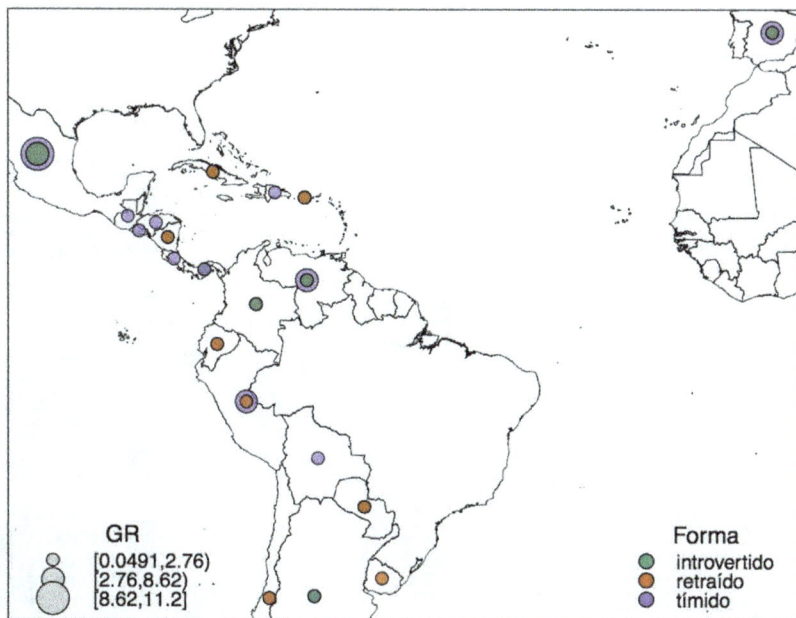

NUMBER PLATE (US:LICENSE PLATE)

Placa visible con el número de registro oficial
PCIC: *matrícula*
Nivel: B1-B2
Alternativa panhispánica: *placa*

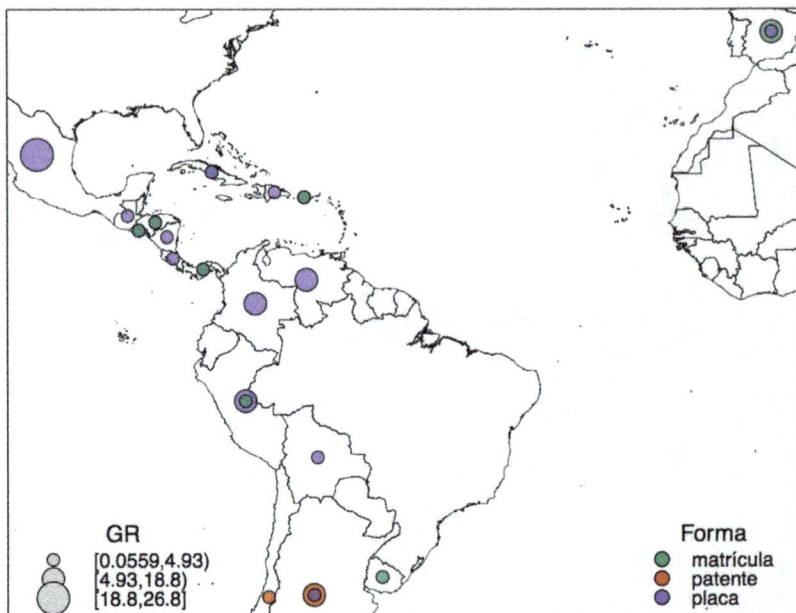

GR
[0.0559,4.93)
[4.93,18.8)
[18.8,26.8]

Forma
matrícula
patente
placa

REFRIGERATOR

Aparato que mantiene alimentos a baja temperatura
PCIC: *nevera*
Nivel: A1-A2
Alternativa panhispánica: *refrigerador*

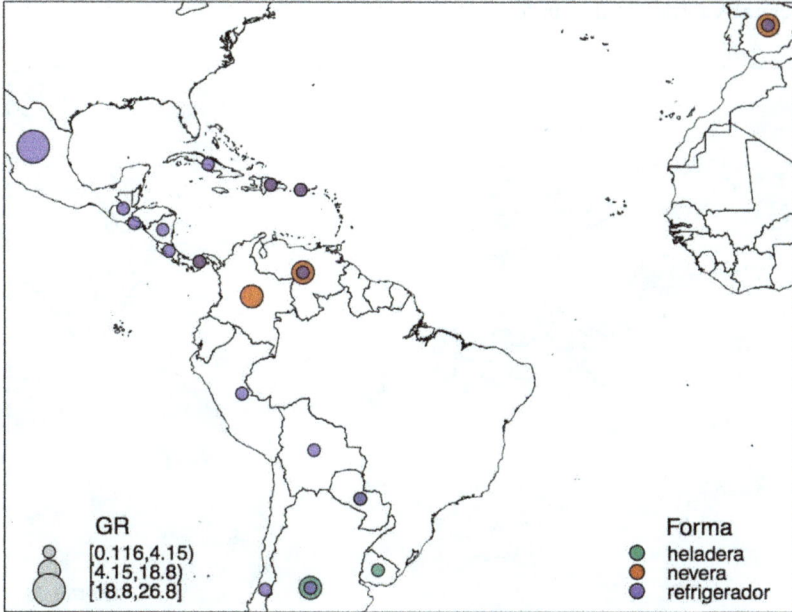

SWEATER

Prenda de vestir de tejido de punto, con mangas que cubre aproximadamente hasta la cintura
PCIC: *jersey*
Nivel: A1-A2
Alternativa panhispánica: *suéter*
Alternativa americana: *pulóver*

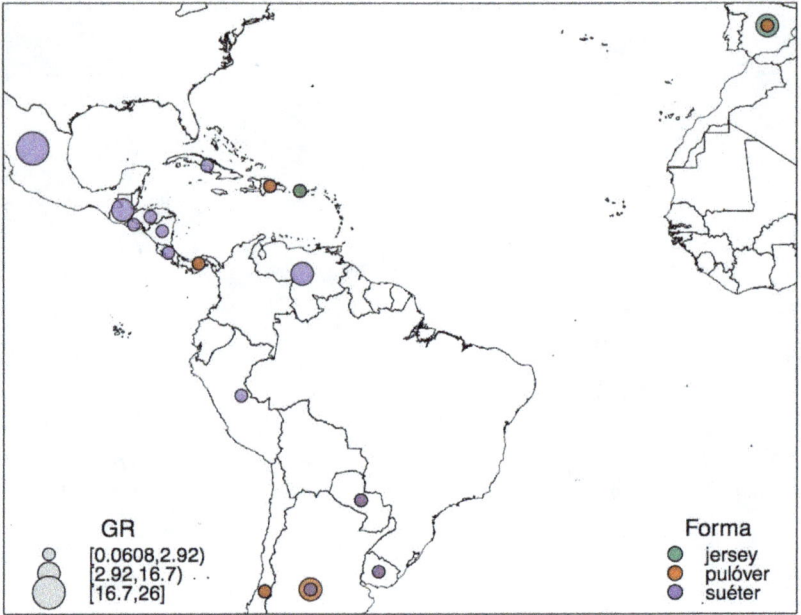

SWIMSUIT

Traje de baño femenino
PCIC: *bañador*
Nivel: A1-A2
Alternativa panhispánica: *traje de baño*
Alternativa americana: *malla*

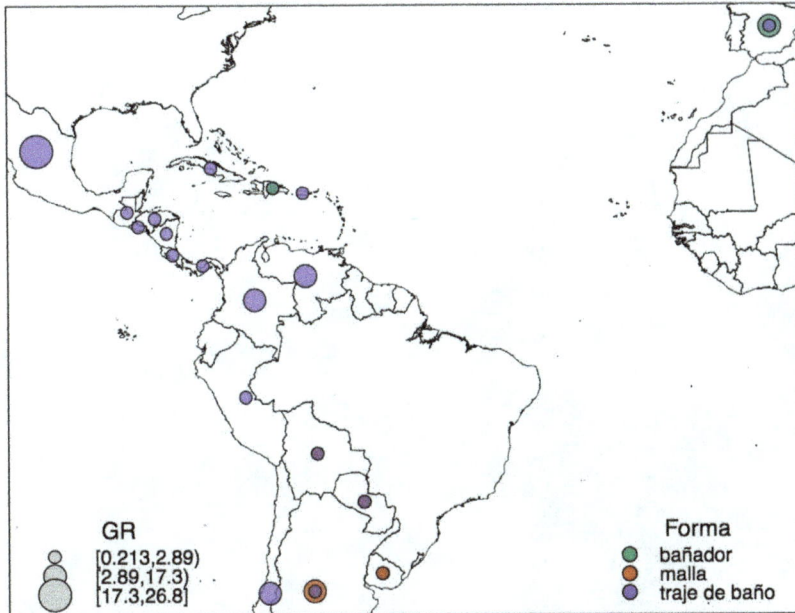

PROPUESTA 2
Inclusión de americanismos en el PCIC

PROPUESTA 2
Inclusión de americanismosen el PCIC

La segunda propuesta para la expansión de las 'Nociones específicas' del PCIC está conformada por términos empleados en el continente americano. Una de las premisas de investigación era corroborar la existencia de americanismos generales o panamericanismos que no se emplean en España. Las consultas en la base de datos de Varilex, en concordancia con Haensch (2002), confirman la existencia de tales términos.

Considerando que el continente americano alberga al 90 % de los hablantes de español, estos americanismos representan una ausencia fundamental en el PCIC. En nuestra revisión del vocabulario propuesto por el PCIC abogamos por una ampliación de las 'Nociones específicas' que ofrezca una perspectiva integradora de la diversidad lingüística del español, siguiendo los criterios de rentabilidad y extensión léxica en la enseñanza de español como segunda lengua.

La inclusión de variantes léxicas americanas se ha puesto de manifiesto en todas las publicaciones académicas de la última década. En este trabajo, la inclusión se considera incuestionable cuando las voces americanas tienen, además, mayor representatividad que los términos de referencia propuestos en el PCIC. Así, en esta sección se presentan todas las voces americanas que tienen un GR(p) más alto que las propuestas en las 'Nociones específicas'. El objetivo no es reemplazar las nociones del PCIC con voces americanas alternativas, sino presentar los americanismos como alternativas posibles junto a los términos centro-peninsulares de las 'Nociones específicas'. Tener acceso a otras variantes del español, –que además son más representativas en términos demolingüísticos– es fundamental para integrar y secuenciar el componente léxico con precisión y exhaustividad en las clases de español.

Todas las voces americanas propuestas en este apartado son palabras altamente representativas del español y conforman una oposición diatópica simple respecto a los términos del PCIC. Por lo tanto, la alternancia de las voces está relacionada con su distribución geográfica, no con los valores de uso ni de significado.

La dificultad que implica proponer voces americanas es inmensa, dado que lo más común es que existan numerosos términos locales en el léxico de cada país. Sin embargo, gracias a los datos de Varilex y al cálculo matemático del GR(p), hemos identificado palabras comunes a un gran número de países hispanohablantes que son fundamentales en la enseñanza de español. Estas palabras son esenciales para el aprendizaje de la lengua, según los criterios de rentabilidad y extensión de las variantes.

La inclusión de estas voces americanas no excluye la enseñanza de otros regionalismos o términos locales según el contexto de aprendizaje, pero en todo caso, contar con un inventario léxico que dé cuenta de los americanismos más representativos de la lengua española es imprescindible para la didáctica del léxico. De hecho, sería recomendable incluir estas palabras en los manuales didácticos, para garantizar el tratamiento integrado y sistemático de las voces más representativas del español.

Para confirmar el significado y la extensión de estas voces americanas, hemos empleado el *Diccionario de americanismos* (2010) como referencia esencial para estudiar la dispersión de las voces. Esta herramienta nos ha permitido validar los datos de Varilex o señalar discrepancias cuando ha sido necesario. Los datos del diccionario permiten caracterizar los americanismos como creaciones originales americanas, criollismos morfológicos, lexemas de origen español con cambios o especificaciones semánticas, arcaísmos españoles que aún se utilizan en América o lexemas procedentes de otras lenguas, tanto antiguas en el español americano (como afronegrismos) como recientes.

Para la elaboración del glosario de americanismos que proponemos incluir en las 'Nociones específicas' del PCIC, en este trabajo consideramos que un término constituye un americanismo representativo cuando:

(a) Está incluido en el *Diccionario de americanismos* (2010).
(b) Se sitúa en la primera o segunda posición en términos de representatividad entre todas las respuestas registradas en la base de datos de Varilex.

A continuación, presentamos 40 términos americanos que complementan las nociones del PCIC. Se trata de palabras de amplia extensión y representatividad fundamentales para los aprendices de español. Esta ampliación léxica plurinormativa fortalece la base referencial del PCIC y facilita la adaptación de los términos léxicos a los diferentes contextos de aprendizaje.

En algunos casos, los americanismos aparecen con la marca [!] para señalar que la palabra común en América también existe en el español de España, pero con un significado diferente que podría generar confusiones, especialmente cuando ambas voces hacen referencia a realidades semánticamente cercanas, pero con significados distintos en ambos lados del Atlántico.

Nivel A1-A2				
Término del PCIC	GR	Americanismo	GR	Concepto Varilex
jersey	9,11	suéter	51,46	SWEATER
cazadora	11,26	chamarra	25,87	WINDBREAKER
braga	9,89	calzón [!]	16,46	PANTIES
bolso	22	cartera [!]	47,56	HANDBAG
lavabo	34,63	lavamanos	48,72	WASHBASIN
coche	22,08	carro	39,31	CAR
ordenador	12,12	computadora	64,36	COMPUTER
sello	17,61	estampilla [!]	53,81	STAMP
cocina	26,17	estufa [!]	36,2	COOKER (STOVE)
billete	10,17	boleto	55,61	NOTE (US:BILL)
pizarra	30,25	pizarrón	55,12	BLACKBOARD
salón	2,03	living	13,58	LIVING ROOM
armario	18,27	clóset	44,54	WARDROBE
medias	4,5	pantimedias	31,61	PANTY HOSE
carné de conducir	13,17	licencia de conducir	45,92	DRIVING LICENCE
anuncio	5,88	cartel	37,39	POSTER
camarero	12,6	mesero	41,53	WAITER
patata	34,95	papa	56,35	POTATO
suspender	5,71	reprobar	23,07	GIVE A FAILING GRADE
caña	2,53	chela	23,99	BEER
escaparate	20,29	vitrina	41,64	SHOP WINDOW
conducir	16,55	manejar	46,30	DRIVE
alianza	4,5	argolla	11,55	RING
mono	7,74	overol	60,01	OVERALLS
grifo	18,57	llave (de agua)	56,09	TAP (US:FAUCET)
lavavajillas	9,87	lavavajilla	14,1	DISHWASHER
pizarra	30,25	pizarrón	55,12	BLACKBOARD
celo	9,09	(cinta) scotch	41,65	CELLOPHANE TAPE
pincho	0,72	botana	11,85	TIDBITS

Nivel A1-A2				
Término del PCIC	GR	Americanismo	GR	Concepto Varilex
manta	14,26	cobija	36,12	BLANKET
quedarse en blanco	0,03	írsele la onda	9,25	CANNOT REMEMBER

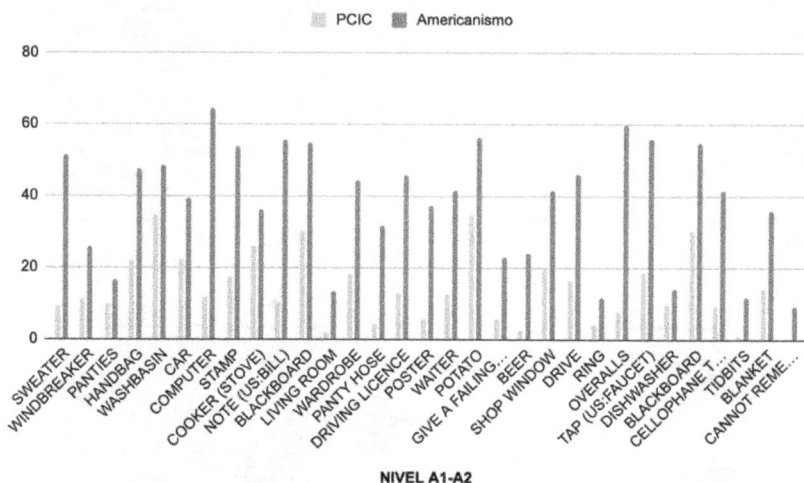

NIVEL A1-A2

La tabla muestra las diferencias de representatividad entre las nociones propuestas por el PCIC y las alternativas americanas de este trabajo. A continuación se presentan los americanismos más representativos del español en los niveles C1-C2:

Nivel C1-C2				
Término del PCIC	GR	Americanismo	GR	Concepto Varilex
pluma estilográfica	6,22	pluma fuente	29,45	PEN
repetidor	18,14	repitente	19,28	REPEATER
colérico	1,19	bravo	8,58	ANGRY
catear	3,64	aplazar	10,66	GIVE A FAILING GRADE
compadre	3	viejo; cuate	8,93; 8, 67	OLD BOY
amigote	0,94	yunta; cuate	4,4; 4,27	CLOSE FRIEND
desagradable	1,21	fregado	17,05	ANNOYING
tener enchufe	6,37	tener palanca	53,72	HAVE PULL
histérico	3,34	bravo	6,17	ANGRY

PCIC ■ Americanismo

60

40

20

0

PEN REPEATER ANGRY GIVE A FAILIN... OLD BOY CLOSE FRIEN... ANNOYING HAVE PULL ANGRY

NIVEL C1-C2

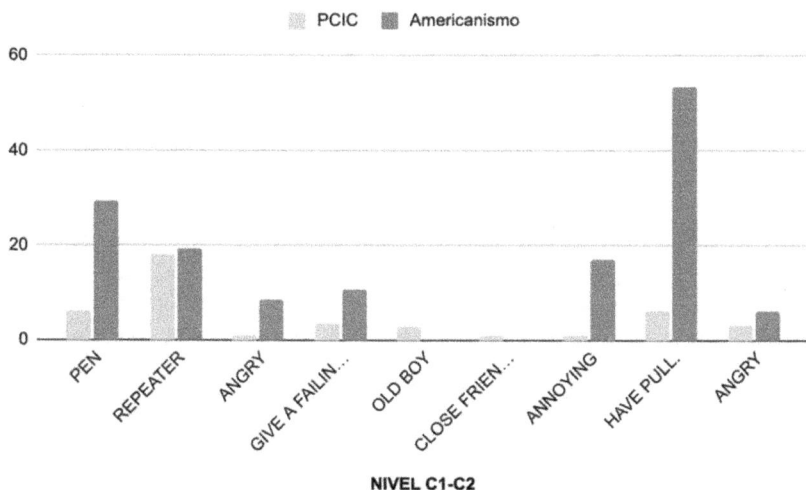

De nuevo, algunos de los términos propuestos, además de tener mayor GR(p), son más transparentes que las nociones del PCIC: *lavabo ~ lavamanos*. En otros casos, la inclusión de la voz americana también es importante porque el término de referencia de España tiene otro significado diferente en la mayoría de los países americanos: media, billete o suspender. Las interferencias semánticas [!] recogidas son: *braga ~ calzón; bolso ~ cartera; sello ~ estampilla; cocina ~ estufa*.

De las 40 voces propuestas, tan solo 8 tienen menos de 10 puntos de diferencia en términos de representatividad o GR(p). Para proponer o rechazar la inclusión de estos americanismos que tienen un GR(p) ligeramente superior seguimos el criterio de extensión geográfica:

(a) Las voces se utilizan al menos en tres de las siete zonas geográficas del español: España, Centroamérica, Antillas, Caribe continental, zona andina, zona rioplatense y Chile.

(b) Las voces se utilizan al menos en 6 países americanos.

Americanismos con GR(p) ligeramente superior				
Valoración	**Voz**	**Extensión Dicc Am**	**Zonas**	**Definición del DA**
	calzón	Gu, Ho, Ni, CR, Co, Ec, Pe, Bo, Ch; Ar, Ur, obsol.	5	Braga, prenda interior femenina.
	aplazar	Ho, ES, Ni, Ec, Pe, Bo, Py, Ar, Ur; Pa, Ve, p.u.	3	No aprobar una persona a alguien en un examen o en una prueba, principalmente académica.
	viejo	Mx, Ho, ES, Ni, Cu, Bo, Ch.	4	Amigo íntimo, compañero inseparable.
Palabras propuestas para la ampliación	yunta	Cu, Pe, Bo, Ch, Py; Ec. p.u. | juv.	3	Amigo íntimo, inseparable.
	cuate	Mx, Gu, Ho, Ni, PR, Ve, Bo, Py.	5	Camarada, amigo íntimo. pop + cult → espon.
	bravo	Mx, Gu, Ho, ES, Ni, CR, Pa, Cu, RD, PR, Co, Ve, Bo, Py.	5	Referido a persona, irritada, enojada u ofendida.
	argolla	Mx, Gu, Ho, ES, Ni, Pa, Cu, RD, PR, Co, Ec, Bo, Ch, Ar; Ur, p.u.	5	Anillo de compromiso o de matrimonio.
	írsele la onda	Mx, Ho, ES, Ni, CR, Cu, Co, Bo, Ch.	4	Perder alguien momentáneamente la ilación, u olvidarse de algo. pop.

Americanismos con GR(p) ligeramente superior				
Valoración	Voz	Extensión Dicc Am	Zonas	Definición del DA
Palabras descartadas para la ampliación	torta	Mx	1	Pan blanco partido longitudinalmente, que se rellena con diversos alimentos.
	agüitado	Mx, ES	1	Referido a persona, abatida, triste, melancólica. pop.
	lavavajilla	Mx, Ni, Ch, Py, Ar.	3	Lavavajillas, máquina para lavar platos, cubiertos y otros enseres de cocina.
	botana	Mx, Gu, Pa; Ho, Ni, p.u.	1	Bocadito.
	lonchería	Mx, Ho, Co, Ve.	2	Lugar donde se venden comidas ligeras.

Como sucedía en el caso de las voces panhispánicas complementarias del apartado anterior, el estudio no está exento de casos particulares. En este caso, además de los americanismos previamente mencionados, se han identificado otras 35 voces americanas que tienen un GR(p) inferior a los términos del PCIC, pero que se incluyen en base a los siguientes criterios:

(a) La voz está registrada en el *Diccionario de americanismos*.
(b) La voz tiene una extensión mínima de 5 países y se distribuye al menos en tres de las siete zonas geográficas del español: España, Centroamérica, Antillas, Caribe continental, zona andina, zona rioplatense y Chile.

El símbolo [!] indica la existencia de diferencias semánticas que podrían causar confusiones; el símbolo [*] señala que estas variantes americanas deberían ser incluidas en niveles de aprendizaje superiores del PCIC, ya sea debido a su bajo GR(p), restricciones de uso o la disponibilidad de otras variedades alternativas más representativas en el mismo nivel. La posible inclusión debe ser evaluada con cautela, según su extensión geográfica. Se presentan a continuación aquellas voces americanas presentes, al menos, en tres zonas dialectales y en seis países americanos.

Variantes americanas 'secundarias' con rentabilidad y extensión significativa					
Términos PCIC	GR	America-nismo	GR	Países	Zonas
A1-A2					
abrigo	56,45	sobretodo	4,33	Cu, RD, Co, Ec, Pe, Bo, Py, Ar, Ur; Pa, Ch, obsol.	5
falda	88, 26	pollera	8,16	Co:N, Ch, Py, Ar, Ur.	5
calcetines	47,23	medias	38,79	ES, Ni, CR, Pa, Cu, RD, PR, Co, Ve, Ec, Pe, Bo, Ch, Py, Ar, Ur.	6
sujetador sostén (Panhisp)	7,04 36,37	brasier	36,23	Mx, Gu, Ho, ES, Ni, CR, Pa, Cu, RD, PR, Co, Ve, Ec, Pe, Bo, Ch, Py, Ur.	6
braga calzón (Panhisp)	9,89 16,46	pantaleta	12,68	Mx, Ho, Ni, Pa, PR, Ve; f. pl. RD, Co:N.	3
gafas lentes (Panhisp)	26,14 40,29	anteojos	29,84	Mx, Ho, Ni, CR, Cu, PR, Co, Ve, Ec:O, Pe, Bo, Ch, Py, Ar, Ur.	6
bañador traje de baño (Panhisp)	8,35 60,59	malla	10	Bo, Py, Ar, Ur; Ch, obsol.	3
maleta	63,81	valija	20,71	Mx, Gu, Ho, ES, Ni, CR, Bo, Py, Ar.	3
nevera refrigerador (Panhisp)	25,76 42,75	refrigeradora	10,6	Gu, ES, Ni, CR, Pa, Ve, Ec.	3
azafata	64,03	aeromoza	31,67	Mx, Gu, Ho, ES, Ni, CR, Pa, Cu, RD, PR, Ve, Ec, Pe, Bo, Ch, Py, Ar, Ur. p.u.	6
ascensor	64,03	elevador	27,25	Mx, Gu, Ho, ES, Pa, Cu, RD, PR, Ec, Bo, Ch, Py. p.u.	5

Variantes americanas 'secundarias' con rentabilidad y extensión significativa					
Términos PCIC	GR	Americanismo	GR	Países	Zonas
bolígrafo	46,22	lapicero [!]	14,01	Gu, ES, Ni, CR, RD, Co:O,SO, Ve, Pe, Bo, Ch.	5
sello estampilla (DA)	17,61 54,81	timbre (postal)	22,07	Mx, Ni, Pa, RD, Ec, Bo, Ur.	4
piscina	69,74	pileta	9,83	RD, Bo, Py, Ar, Ur.	3
tapa	15,61	picada*	6,57	Pa, Co, Ec, Bo, Py, Ar, Ur.	4
		bocadito*	4,12	Ho, Ni, Pa, Cu, RD, PR, Ec, Pe, Bo, Py, Ar, Ur.	4
anuncio cartel (Panhisp)	5,88 37,39	afiche	27,76	Gu, Ho, ES, Ni, CR, Pa, Cu, RD, PR, Co, Ve, Ec, Pe, Bo, Ar, Ur; Mx, p.u.	5
cerdo	45,36	chancho	9,11	Mx, Gu, Ho, ES, Ni, CR, Pa, Ve, Ec, Pe, Bo, Ch, Py, Ar, Ur; RD, PR, rur.	5
mosquito	61,41	zancudo	29,15	Mx, Gu, Ho, ES, Ni, CR, Pa, Cu, RD, PR, Co, Ve, Ec, Pe, Bo, Ch, Ar; Ur, p.u.	6
guapo	21,97	churro*	8,26	Co, Pe, Bo, Ar, Ur; Ch, obsol.	4
		regio*	5,25	Mx:N, Ni, PR, Ec, Pe, Bo, Ch, Py, Ar, Ur.	5
		mango*	4,64	Mx, Gu, Ho, ES, Ni, Pa, Cu, Bo.	3
gripe	19,83	gripa (DA)	12,24	Mx, Pa, Co, Ec.	3
negocio tienda (Panhisp)	7,52 55,5	almacén	21,46	ES, Ni, Pa, RD, Co, Ec, Pe, Bo, Ch, Py, Ar, Ur; Ve. obsol.	6
español	69,81	gallego*	12,37	Cu, RD; Bo, Py; Ar, Ur, pop.	3

Variantes americanas 'secundarias' con rentabilidad y extensión significativa					
Términos PCIC	GR	America-nismo	GR	Países	Zonas
B1-B2					
carpeta	56,59	fólder	31,45	Mx, Gu, Ho, ES, Ni, CR, Pa, Cu, RD, Ec, Pe, Bo, Ch, Py, Ar.	5
interruptor	38,63	switch	20,84	Mx, Gu, Ho, Ni, CR, RD, PR, Ec, Pe, Bo, Ch.	4
bizcocho	22,74	bizcochuelo	14,27	Co, Ve, Bo, Ec, Py, Ar, Ur.	3
hueso	29,26	pepa*	18,35	Ho, Pa, CR, PR, Pe, Bo.	3
nota puntuación (Panhisp)	13,64 33,5	puntaje	15	Mx, Ho, ES, Ni, CR, Pa, RD, Co, Ve, Ec, P e, Bo, Ch, Ar, Ur; Cu, Py, pop.	6
desempleo paro (Panhisp)	56,3 22,91	desocupación	9,46	Mx, CR, Cu, Co, Ec, Pe, Bo, Ch, Py, Ar, Ur.	6
de pie	56,31	parado	34,99	Mx, Gu, ES, Ni, CR, Pa, Cu, RD, PR, Ve, Ec, Pe, Ch, Py, Ar, Ur; Bo, pop.	6
despedir echar (Panhisp)	35,42	botar*	3,31	Mx, Gu, Ho, ES, Ni, Pa, Cu, RD, PR, Co, Ve, Ec, Pe, Bo, Ch, Ar.	5
cerveza de barril	n. r.	chela	23,99	Mx, Gu, Ho, ES, Ni, Co, Ec, Pe, Bo. juv.	3
C1-C2					
ataúd	69,5	cajón	10,95	Co, Pe, Bo, Ch, Py, Ar, Ur; Mx, Gu, Ho, ES, Ni, Pa, rur; pop; Ve, Ec, pop.	4
látigo	48,58	fuete	18,67	Mx, Gu, Ho, ES, Ni,Pa, Cu, RD, PR, Co, Ve, Ec, Pe; Bo, p.u; CR, obsol.	4
becario	53,64	becado	37,66	Gu, Ho, Ni, CR, Cu, RD, PR, Co, Ve, Ch, Ur	5
gordinflón	12,31	chancho	6,18	Ho, ES, Ni, CR, Pe, Bo, Ch, Py, Ar.	4

En la tabla anterior hemos propuesto la inclusión de variantes americanas que, aun siendo representativas del español, tienen menor GR que los términos de referencia del PCIC. A veces ocurre que las voces americanas que añadimos tienen un GR muy inferior puesto que se oponen a hiperónimos panhispánicos. Esto sucede, por ejemplo, con *abrigo, azafata* o *ascensor*, que alternan con otras voces secundarias según las regiones: *sobretodo, elevador* o *aeromoza*.

Como ya hemos mencionado, cuando aparece el símbolo [!] advertimos de diferencias semánticas importantes. Es el caso de la oposición *bolígrafo ~ lapicero*, sabemos que *lapicero* en gran parte del territorio hispanohablante se refiere al utensilio de madera que sirve para escribir con una barra de grafito en su interior, pero en Guatemala, El Salvador, Nicaragua, Costa Rica, República Dominicana, Colombia, Venezuela, Perú, Bolivia y Chile se refiere al utensilio que se utiliza para escribir con tinta.

Lo mismo sucede con el concepto [EXPEL] que hace referencia a "echar a una persona del trabajo" y presenta una voz representativa como *despedir*, que se incluye en el nivel B1 del *PCIC*. Más adelante, en el nivel C1 se incluye la forma *echar del trabajo*, que tiene menor GR y es propia de contextos más restringidos. Junto a ambas, proponemos incluir la voz *botar*, marinerismo de enorme extensión en los países de América tal y como confirma el *Diccionario de americanismos*, registrando su uso en cinco de las grandes áreas dialectales del español.

Para ilustrar el procedimiento que se ha seguido para proponer la inclusión de estos americanismos, veamos el ejemplo de la palabra *tapa*, que está incluida en el nivel A1-A2 según el PCIC y corresponde al concepto de "alimento ligero que se sirve como acompañamiento de una bebida" [TIDBITS]. Al revisar los datos de representatividad en nuestra aplicación, observamos varias alternativas: *botana* (GR(p)= 11.85), *picada* (GR(p)= 6.57), *bocadito* (GR(p)= 4.12), junto con otras palabras locales que no son relevantes para nuestro estudio.

Si nos basamos únicamente en el GR(p), *botana* sería la primera opción para ampliar el vocabulario. Sin embargo, según el *Diccionario de americanismos*, *picada* y *bocadito* están presentes en cuatro áreas dialectales. El alto GR(p) de *botana* en los datos de Varilex se debe a su popularidad en México, pero *picada* y *bocadito* son palabras secundarias, conocidas en muchos países, pero menos representativas que otras formas. Este ejemplo ilustra la complejidad del estudio al que nos enfrentamos.

Además de los casos analizados, una vez realizado el exhaustivo análisis de las voces propuestas para la enseñanza de español, presentamos a continuación algunas apreciaciones respecto a las nociones del *PCIC* que merecen ser considerados separadamente:

Casos particulares de ampliación	
autobús	Varilex indica la variación léxica del concepto [BUS] con los siguientes registros: *autobús, micro, colectivo, bus, microbús, ómnibus, camión, banderita, guagua, flota, taxibús, camioneta, ruta.* Si observamos el GR de estas voces, ninguna de las alternativas de la voz *autobús* (GR = 32,39) parece lo suficientemente representativa como para incluirse en el *PCIC*. La alternativa más extendida sería *ómnibus* (GR = 9,80), que también se registra en España y en el *Diccionario de Lengua Española* y que, según los datos de Varilex, se distribuye así en el territorio hispánico: Ar (35,5 %), Py (37,5 %), Uy (87,5 %), Pe (60 %), Cu (30,75 %) y, en menor porcentaje, RD, Bo y Esp.
bar	Todas las variantes léxicas representativas de la noción *bar* (*taberna, cantina, tasca*) se incluyen en otras secciones del *PCIC*. No es necesario añadirlas.
dinero	Aunque no aparece en el *Diccionario de americanismos*, tal y como señala el *Diccionario de Lengua Española* y como se confirma también con los datos de Varilex, la forma *plata* es un americanismo con gran vitalidad en América que se refiere a 'dinero o riqueza'. Proponemos incluir esta voz.
pendientes	Aunque no aparece en el *Diccionario de americanismos*, los datos de Varilex confirman que *aretes* es un americanismo que corresponde a la noción [EARRINGS]. *Aretes* ya se ha estudiado como americanismo en general en América, menos en algunos países donde se usan otras voces peculiares: *aros* en Py, Ch y Ar; y *zarcillos* en Ve (Ueda, 1996).

Para concluir, en este segundo apartado se ha presentado una lista de americanismos fundamentales para la enseñanza de español, no solo para reflejar la diversidad lingüística, sino también para garantizar la enseñanza de las voces más representativas de nuestra lengua. Incluir nociones americanas en el PCIC entra en línea con las políticas panhispánicas, pero además garantiza la enseñanza de un repertorio léxico representativo y rentable para el estudiante de español.

En esta sección no solo se han propuesto americanismos que gozan de mayor representatividad que las nociones propuestas en el PCIC, sino que además se ha incluido americanismos que, si bien no tienen un GR(p) mayor que los términos de referencia del PCIC, son conocidos y empleados en grandes áreas geolectales del español.

Esta selección de americanismos con alta rentabilidad y extensión permite a docentes y estudiantes familiarizarse con variantes diatópicas significativas y adaptarlas según el nivel y el contexto de aprendizaje. Al no existir un manual exhaustivo que secuencie la variación léxica en la enseñanza del español, es importante hacer del inventario de 'Nociones específicas' del PCIC un repertorio léxico riguroso que oriente y sirva como referencia en la enseñanza del léxico, incorporando nociones representativas del español que complementen la variedad peninsular que es la base de su inventario.

De esta manera, cuando el contexto de enseñanza y el nivel de aprendizaje lo requieran, tanto docentes como creadores de materiales didácticos podrán consultar la extensión de ciertas voces americanas importantes para el aprendizaje. Al incluir estas voces, se busca presentar un repertorio léxico coherente, conformado por los términos de mayor difusión panhispánica, que abarque tanto el léxico del área dialectal de España como el léxico fundamental de otras regiones hispánicas (Moreno Fernández 2000).

BEER

¿Qué otro nombre tiene la cerveza?
PCIC: *caña (Esp)*
Nivel: A1-A2
Alternativa americana: *chela, birra*

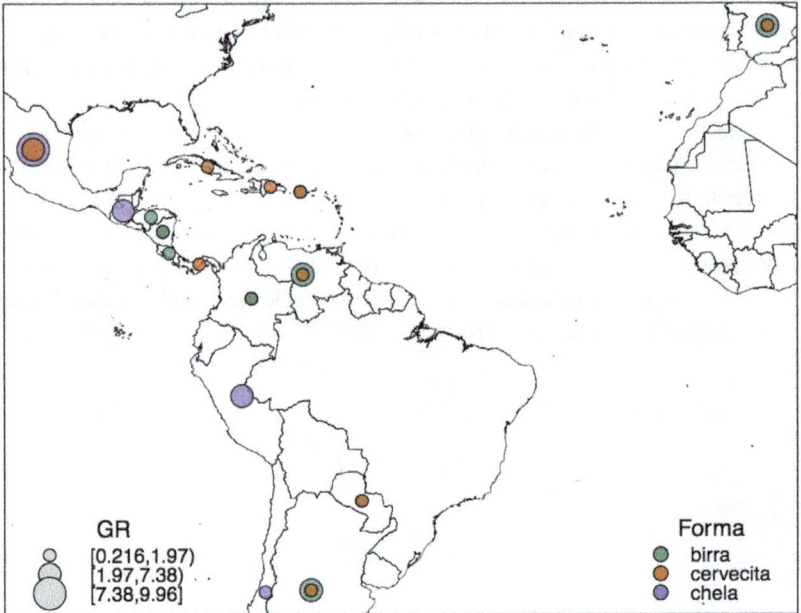

BLACKBOARD

Planta que se emplea para escribir
PCIC: *pizarra*
Nivel: A1-A2
Alternativa americana: *pizarrón*

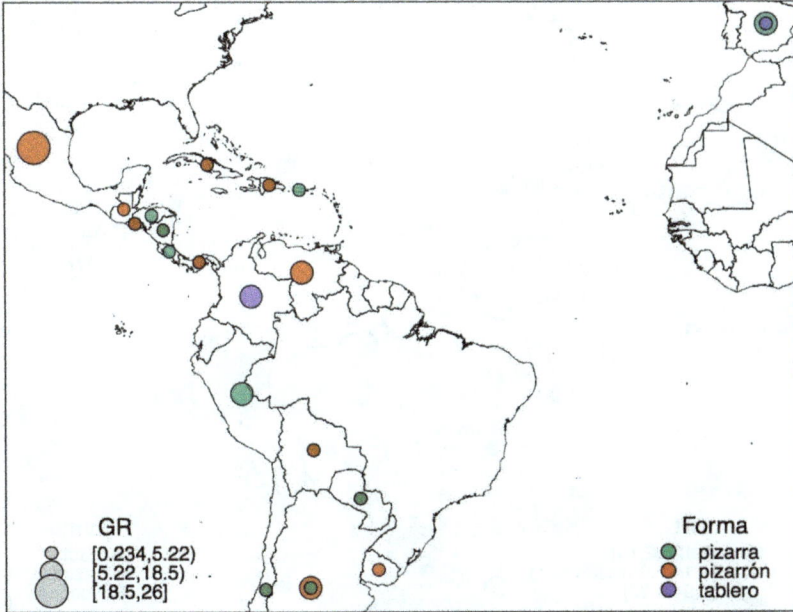

CAR

Vehículo destinado al transporte de personas
PCIC: *coche*
Nivel: A1-A2
Alternativa americana: *carro*

COFFIN

Ataúd
PCIC: *ataúd*
Nivel: C1-C2
Alternativa americana: *caja, cajón*

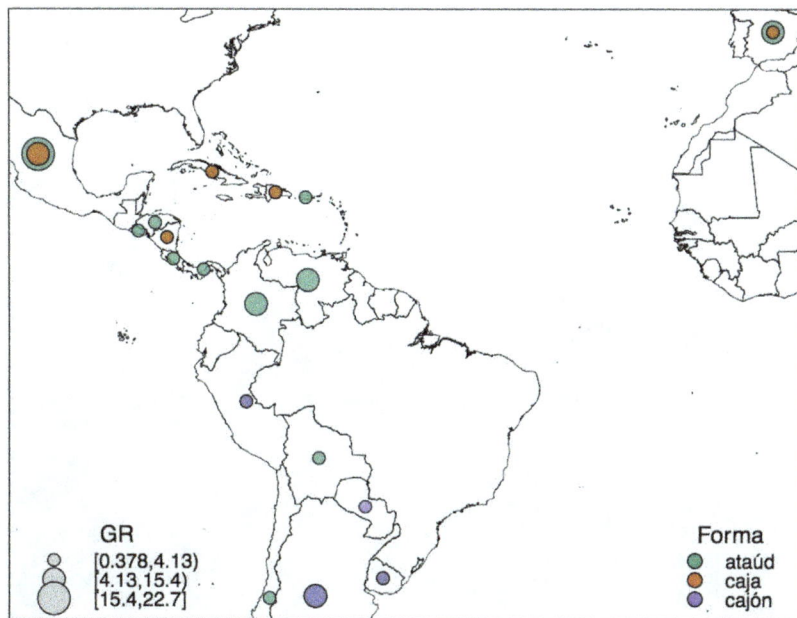

COOKER (STOVE)

Aparato con el que se cocina
PCIC: *cocina*
Nivel: A1-A2
Alternativa americana: *estufa*

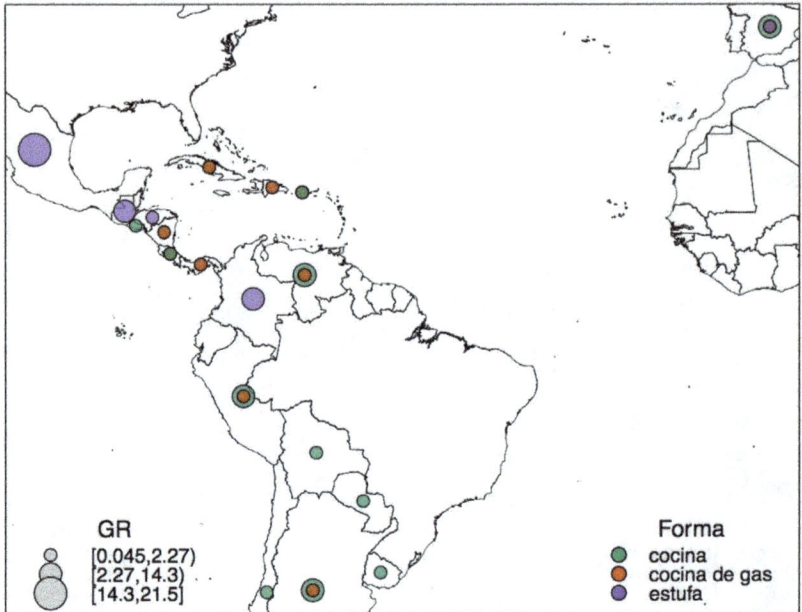

GR
[0.045,2.27)
[2.27,14.3)
[14.3,21.5]

Forma
cocina
cocina de gas
estufa

COMPUTER

Máquina para procesar los datos de información
PCIC: *ordenador*
Nivel: A1-A2
Alternativa americana: *computadora*

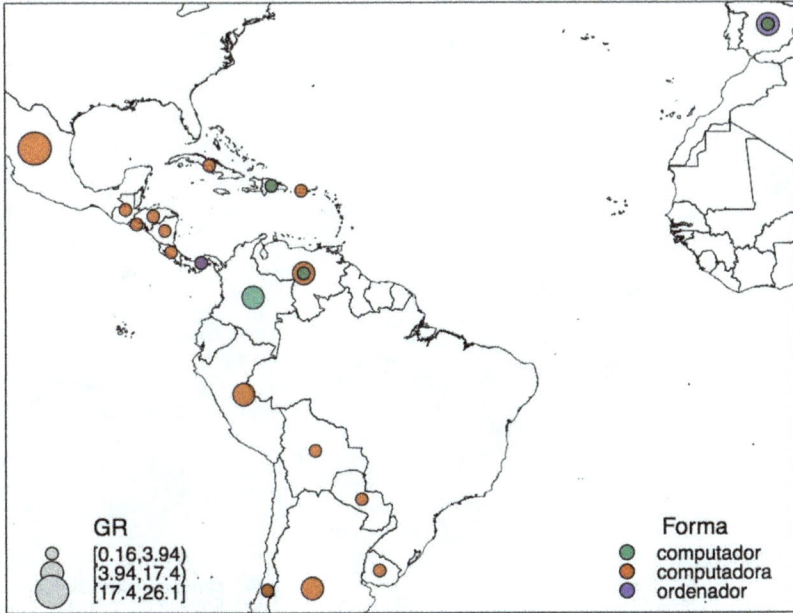

GR
[0.16,3.94)
[3.94,17.4)
[17.4,26.1]

Forma
computador
computadora
ordenador

DRIVING LICENCE

Documento oficial que autoriza a su poseedor a conducir un vehículo de motor.
Ej. "Saqué el/la (***) a los dieciocho años, pero todavía no tengo coche"
PCIC: *carné de conducir*
Nivel: A1-A2
Alternativa americana: *licencia de conducir*

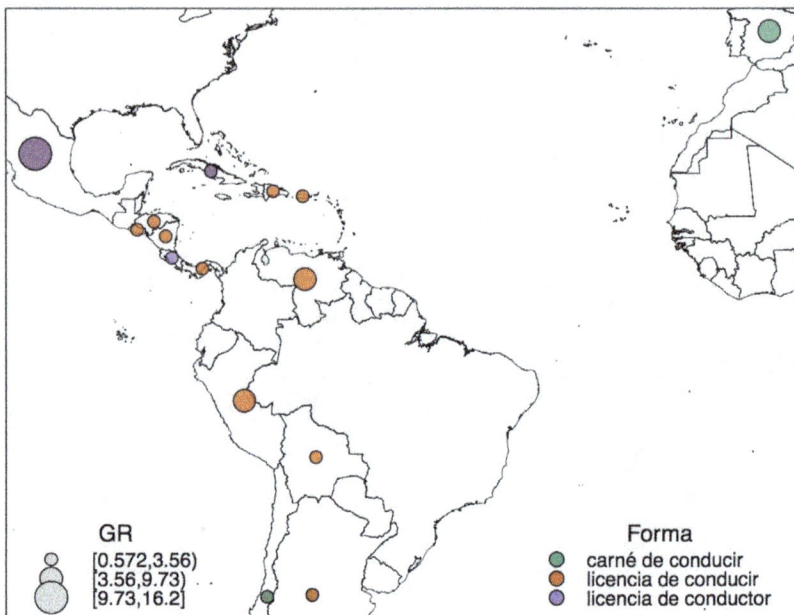

EARRINGS

Adorno que se ponen las mujeres en las orejas
PCIC: *pendientes*
Nivel: B1-B2
Alternativa americana: *aretes*

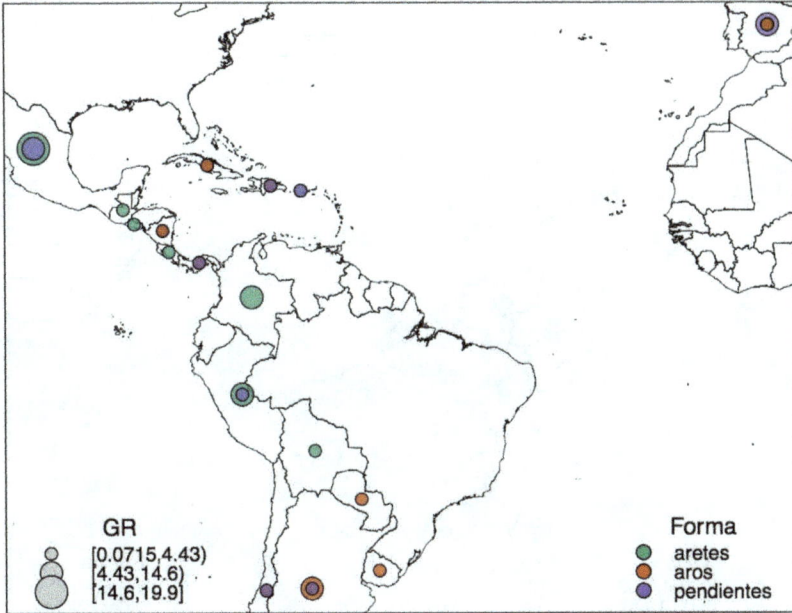

FOLDER

Carpeta de cartulina, plástico u otro material, para archivar papeles o documen-
tos
PCIC: *carpeta*
Nivel: B1-B2
Alternativa americana: *fólder*

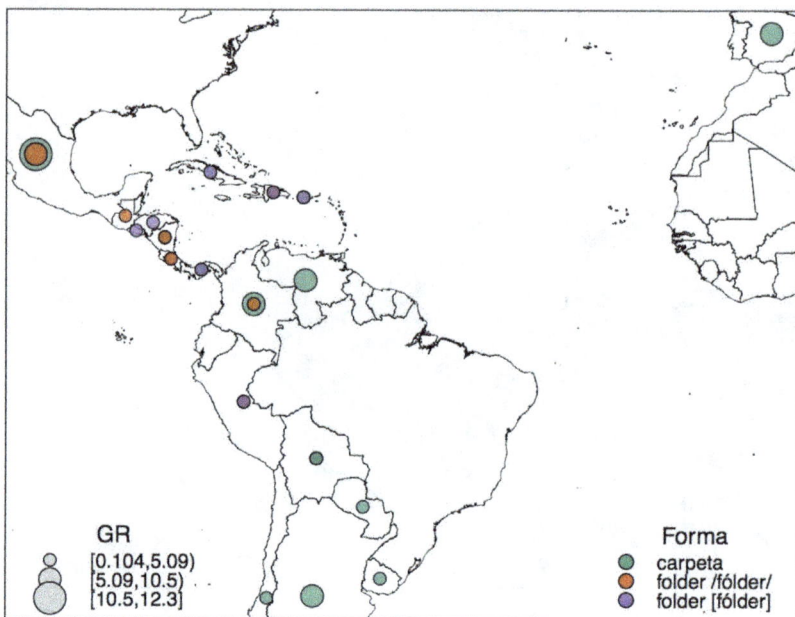

GIVE A FAILING GRADE

Dar la pésima nota
PCIC: *suspender, catear (Esp)*
Nivel: C1-C2
Alternativa americana: *reprobar, aplazar, tronar*

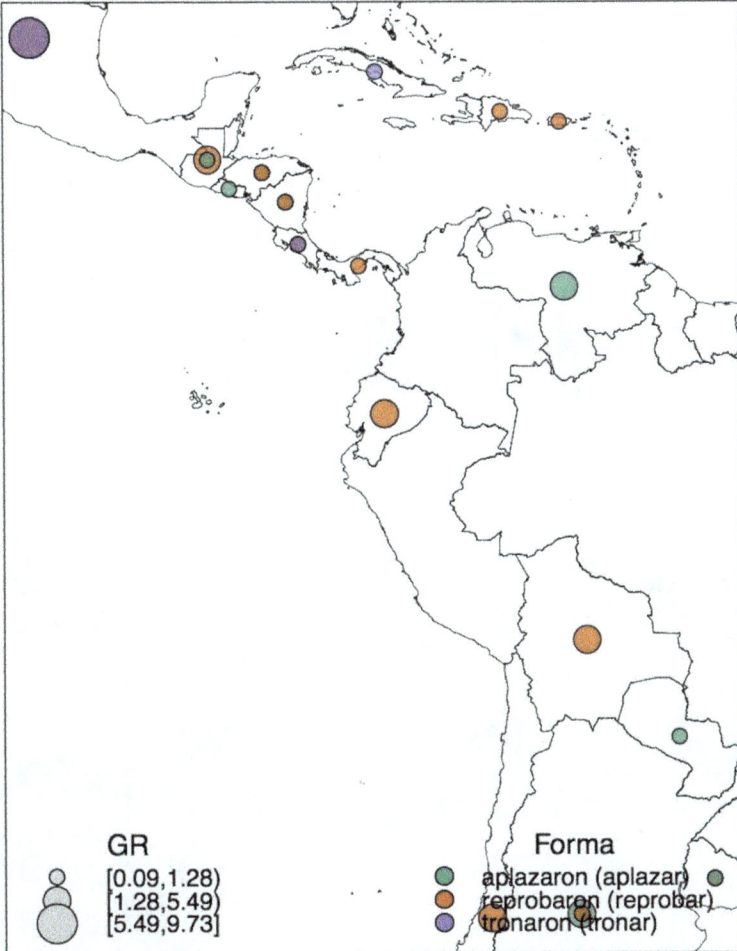

HANDBAG

Bolsa de cuero, tela o similar que llevan las mujeres con sus cosas personales cuando salen de casa.
PCIC: *bolso*
Nivel: A1-A2
Alternativa americana: *cartera*

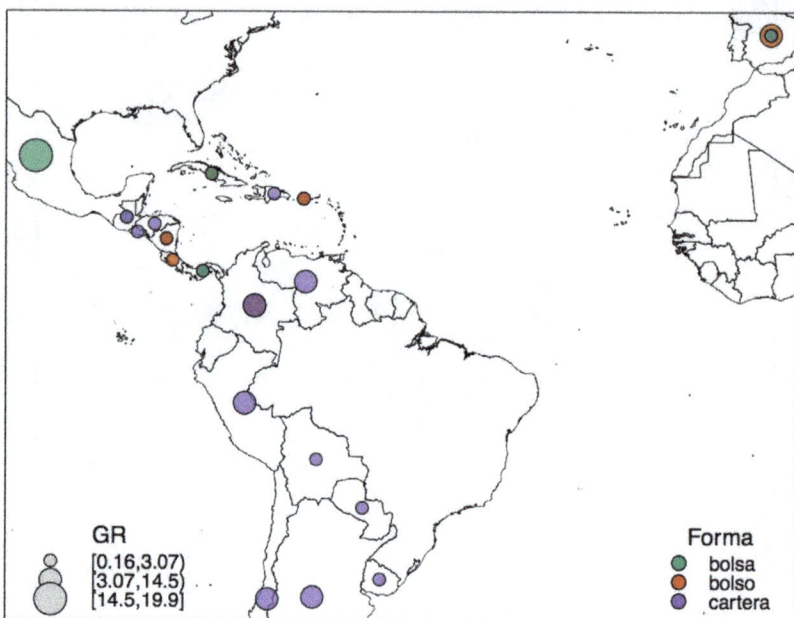

MONEY

Dinero o riqueza
PCIC: *dinero*
Nivel: A1-A2
Alternativa americana: *plata*

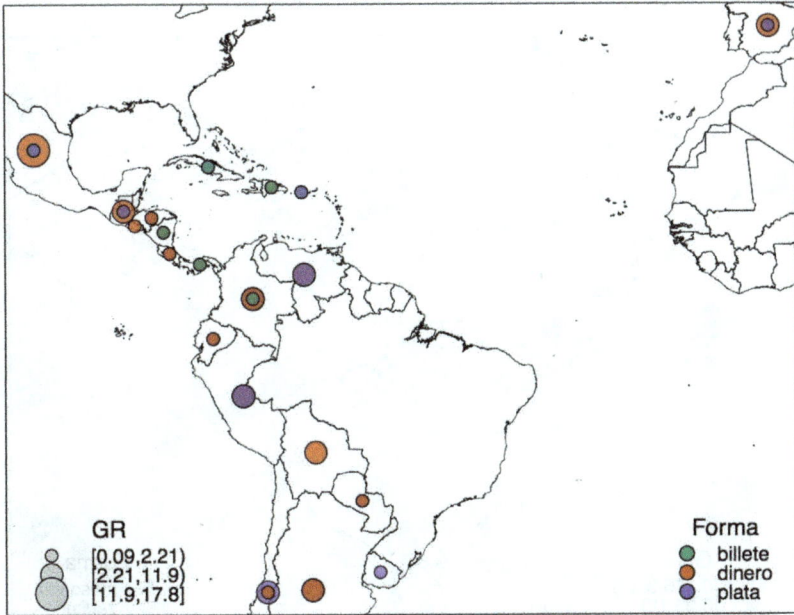

MOSQUITO

Insecto de cuerpo fino, dos alas transparentes y patas alargadas que se alimenta de sangre. Ej. Tengo el brazo lleno de picaduras de ***s
PCIC: *mosquito*
Nivel: A1-A2
Alternativa americana: *zancudo*

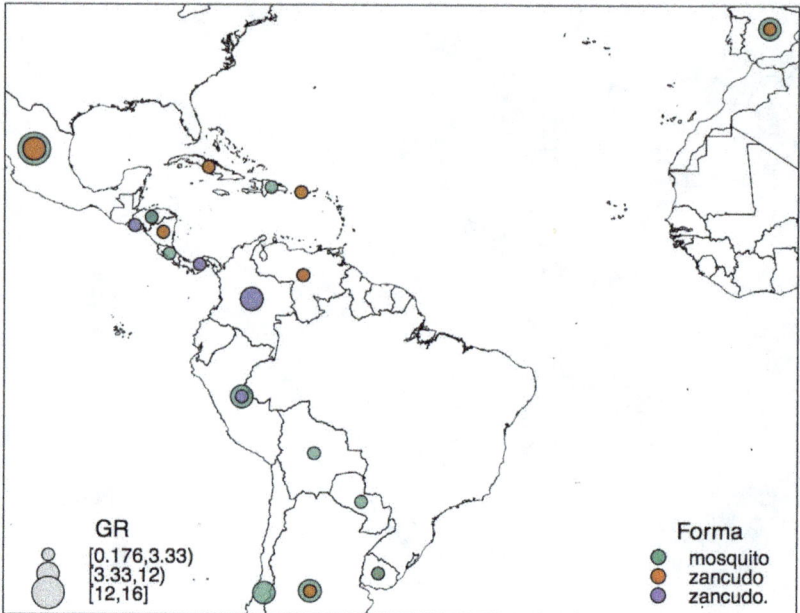

NOTE (US:BILL)

Papel de tamaño pequeño que sirve de pasaje de un tren
PCIC: *billete (Esp)*
Nivel: A1-A2
Alternativa americana: *boleto, tiquete*

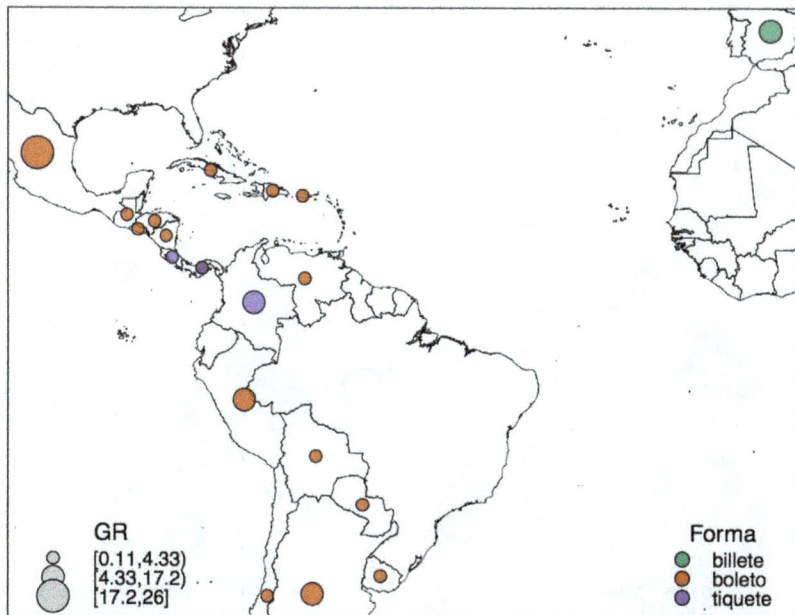

OVERALLS

Traje usado por pintores, mecánicos, etc., que consiste en un pantalón con peto y mangas en una sola pieza
PCIC: *mono*
Nivel: B1-B2
Alternativa americana: *overol, mameluco*

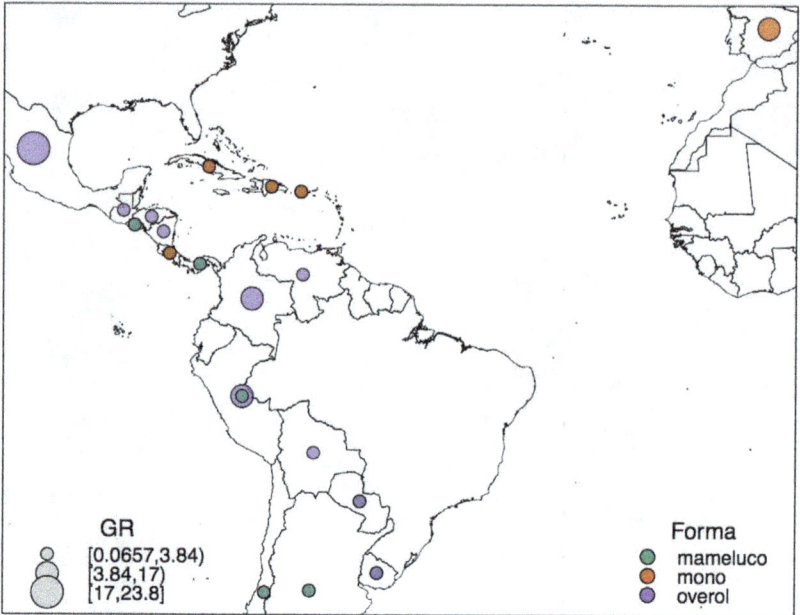

PANTIES

Traje usado por pintores, mecánicos, etc., que consiste en un pantalón con peto y mangas en una sola pieza
PCIC: *bragas (Esp)*
Nivel: A1-A2
Alternativa americana: *calzón, bombacha, pantaleta, blúmer*

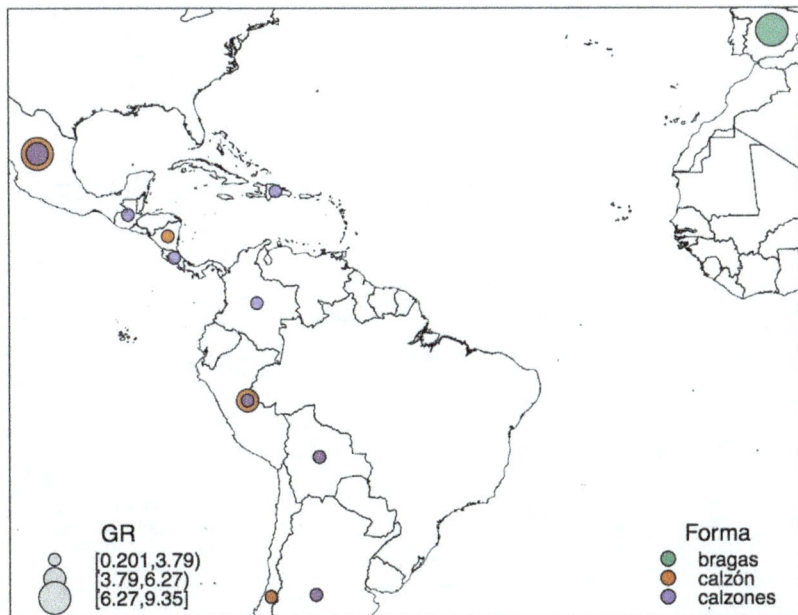

GR
[0.201,3.79)
[3.79,6.27)
[6.27,9.35]

Forma
bragas
calzón
calzones

PANTY HOSE

Combinación de panty y medias
PCIC: *medias*
Nivel: A1-A2
Alternativa americana: *pantimedias*

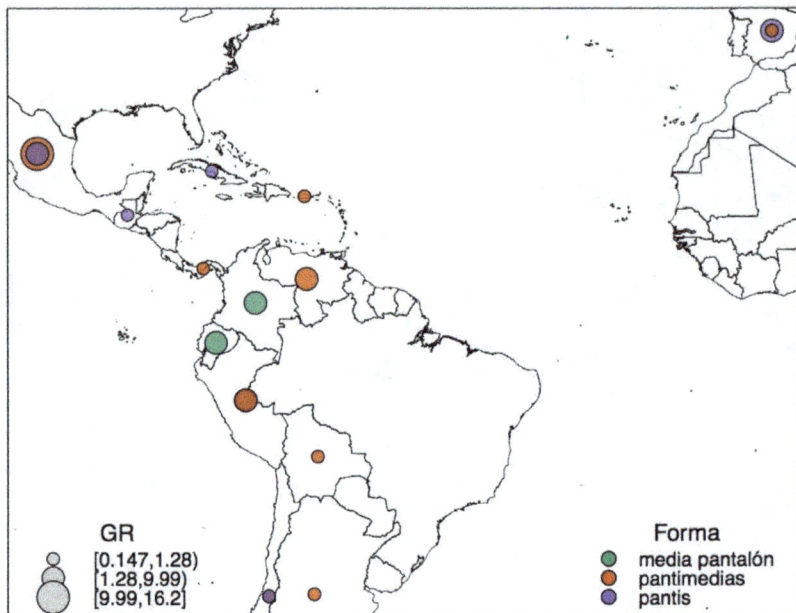

PEN

Utensilio para escribir con tinta
PCIC: *pluma estilográfica*
Nivel: C1-C2
Alternativa americana: *pluma fuente*

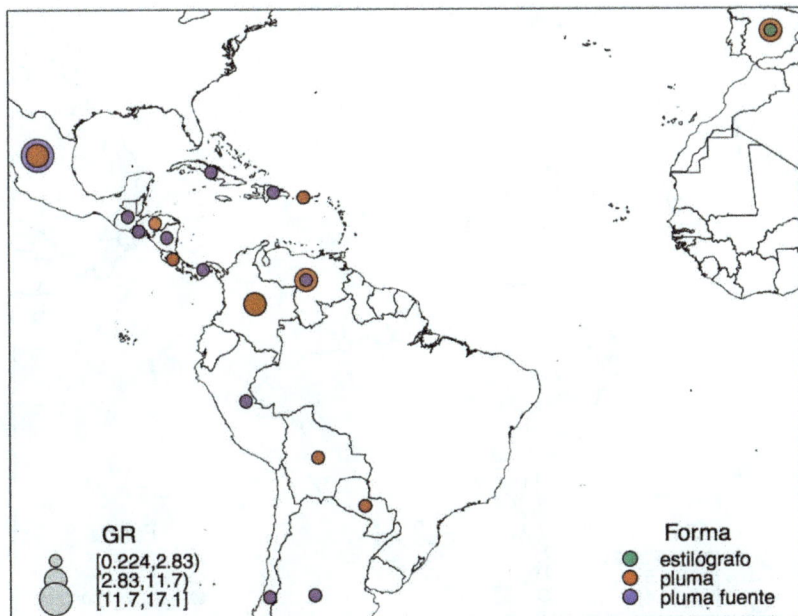

POSTER

Anuncio escrito de un evento, colocado en lugares públicos
PCIC: *anuncio*
Nivel: C1-C2
Alternativa americana: *cartel, afiche, póster*

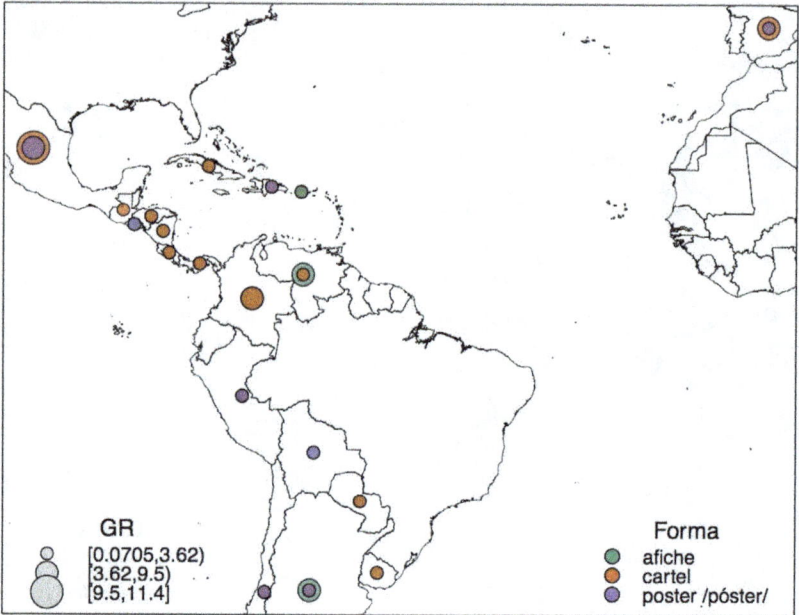

GR
[0.0705,3.62)
[3.62,9.5)
[9.5,11.4]

Forma
afiche
cartel
poster /póster/

POTATO

*Tubérculo comestible, de forma redonda o alargada y de color marrón por fuera
y blanco o amarillo por dentro, que se usa como alimento*
PCIC: *patata*
Nivel: A1-A2
Alternativa americana: *papa*

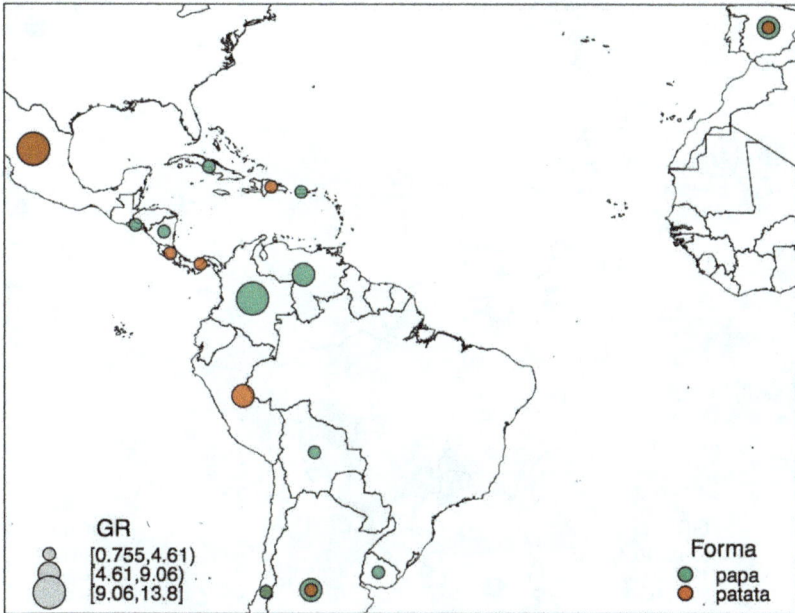

RING

Anillo de compromiso
PCIC: *patata*
Nivel: A1-A2
Alternativa americana: *argolla*
Alternativa panhispánica: *sortija*

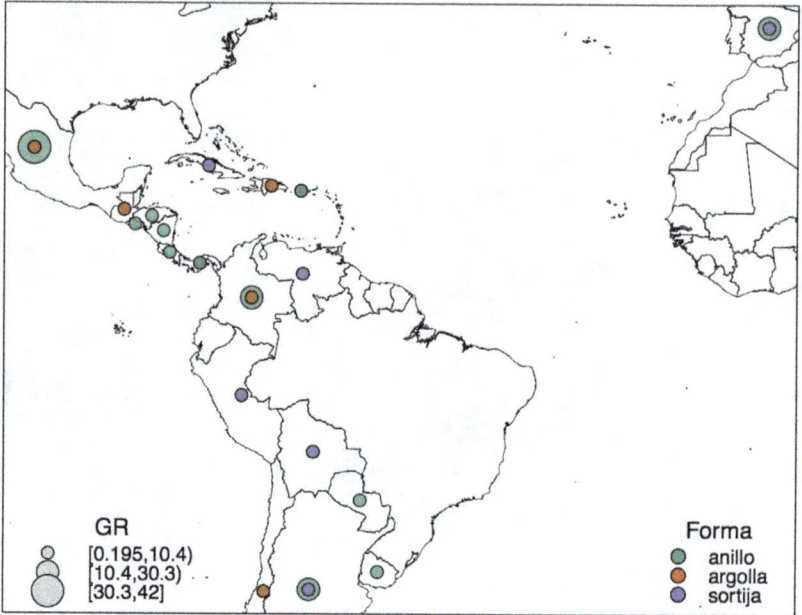

SOCKS

Prenda de punto que recubre el pie
PCIC: *calcetines*
Nivel: A1-A2
Alternativa americana: *medias*

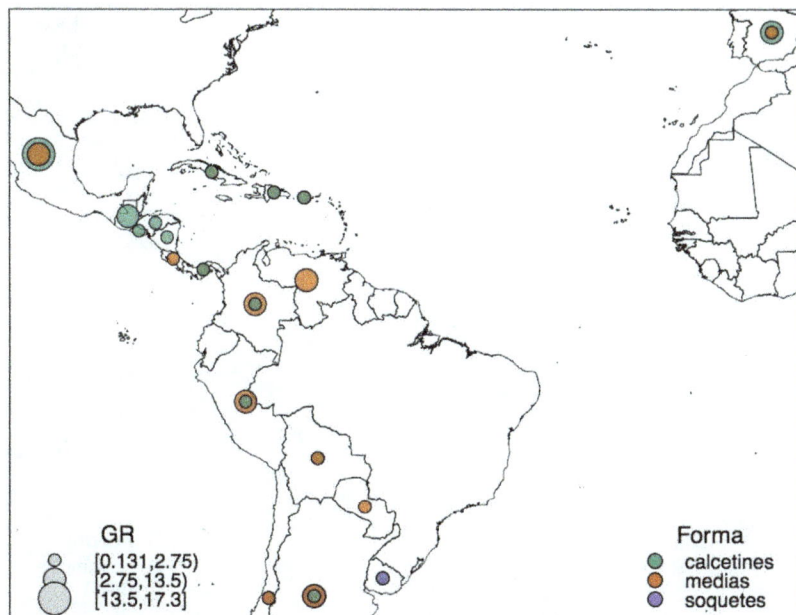

STAMP

Estampita emitida por una administración postal al servicio de correos
PCIC: *sello*
Nivel: A1-A2
Alternativa americana: *estampilla*

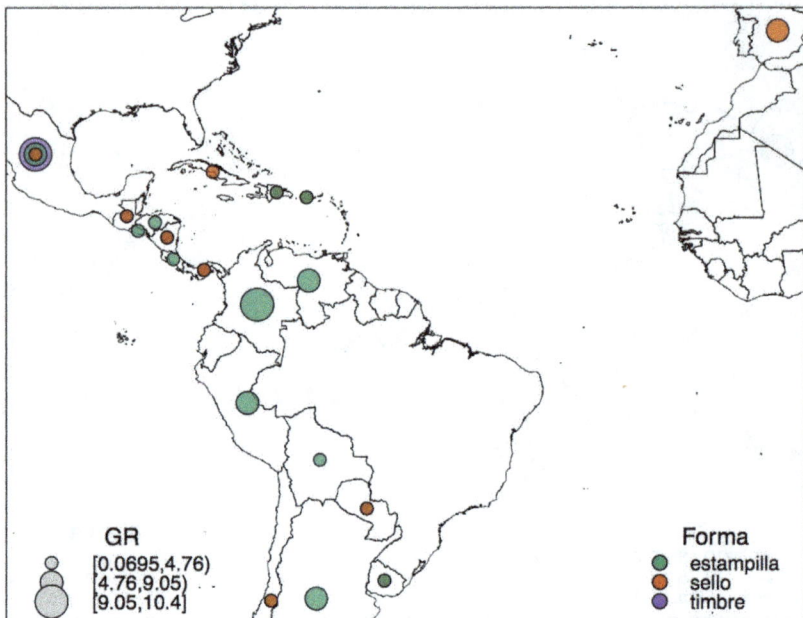

STANDING

*Levantado, de posición vertical. Ej. "El autobús estaba muy lleno y yo tenía que estar ***"*
PCIC: *de pie*
Nivel: B1-B2
Alternativa americana: *parado*

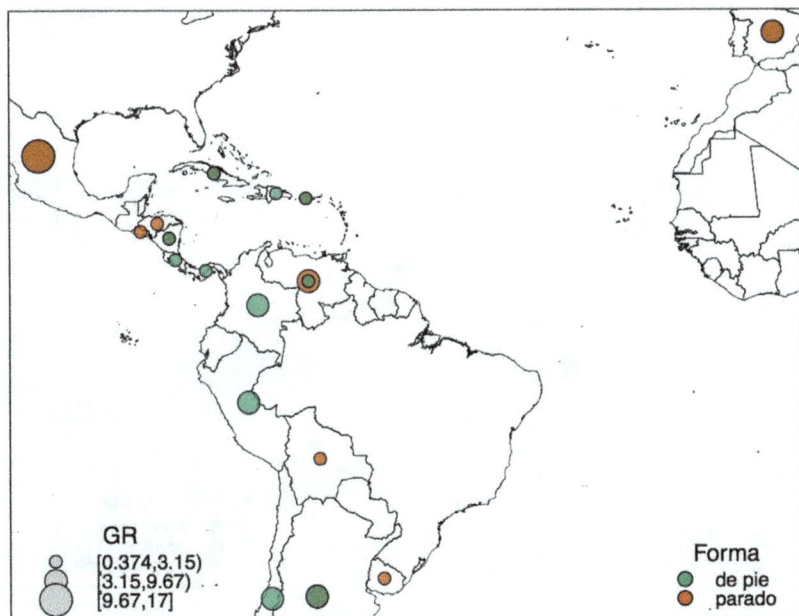

STEWARDESS

En un avión, mujer que atiende a los pasajeros
PCIC: *azafata*
Nivel: A1-A2
Alternativa americana: *aeromoza*

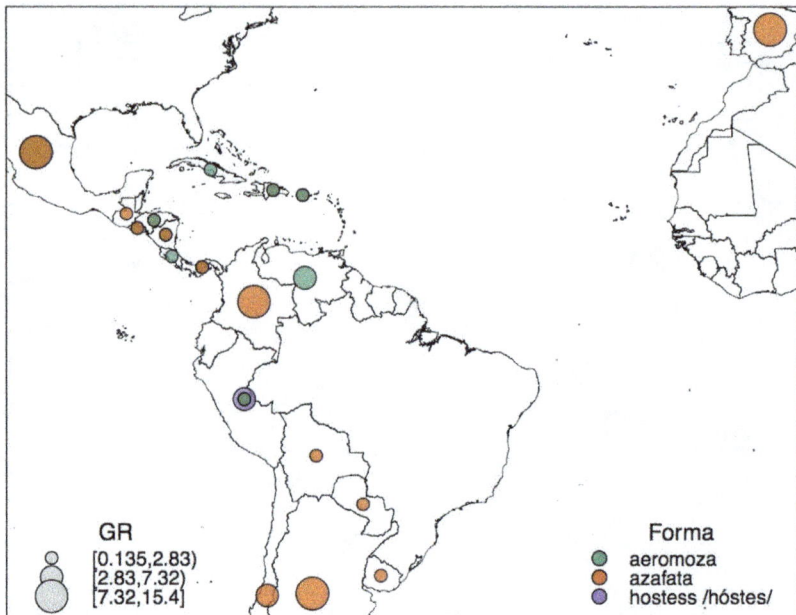

GR
[0.135,2.83)
[2.83,7.32)
[7.32,15.4]

Forma
aeromoza
azafata
hostess /hóstes/

STONE (US:PIT)

Parte dura e interior de algunos frutos, como el melocotón, la ciruela, etc.
PCIC: *hueso*
Nivel: B1-B2
Alternativa americana: *pepa*

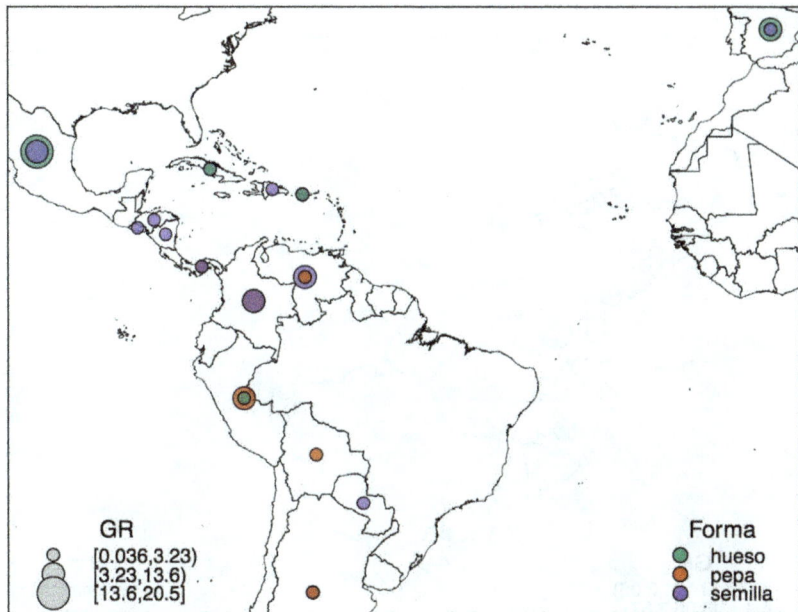

SUITCASE

Bolso grande hecho de material duro, con asas para ser transportado a mano, que se usa en los viajes.
PCIC: *maleta*
Nivel: B1-B2
Alternativa americana: *valija*

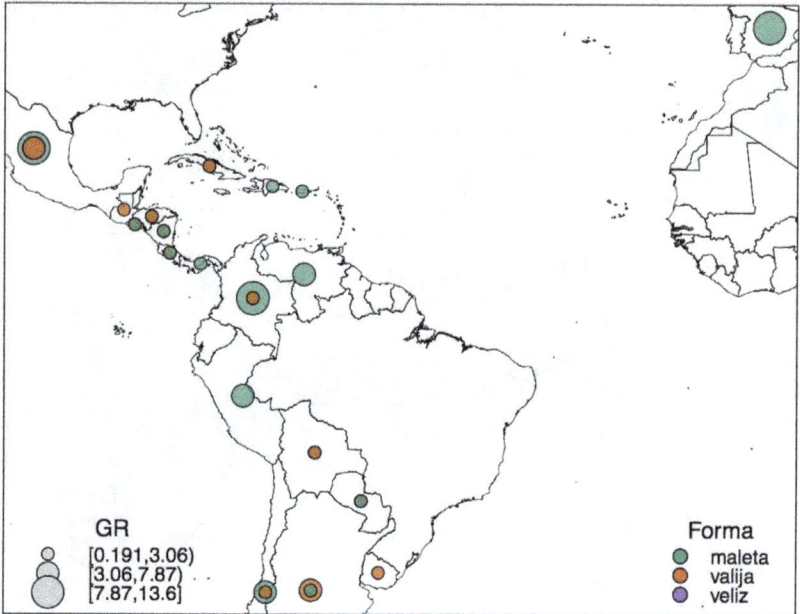

SWIMMING POOL

Sitio donde se practica la natación.
PCIC: *piscina*
Nivel: A1-A2
Alternativa americana: *alberca, pileta*

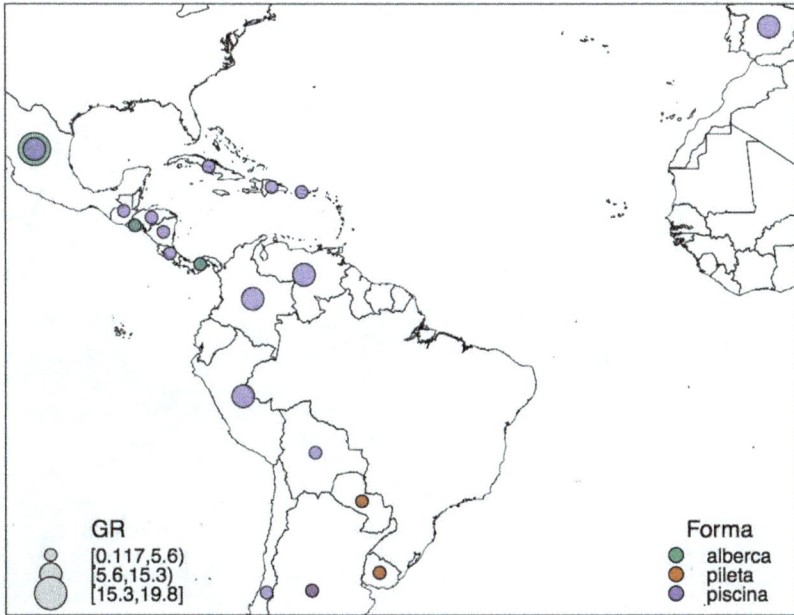

GR
[0.117,5.6)
[5.6,15.3)
[15.3,19.8]

Forma
alberca
pileta
piscina

SWITCH

Pieza que se pulsa para accionar un dispositivo.
PCIC: *interruptor*
Nivel: B1-B2
Alternativa americana: *apagador, switch*

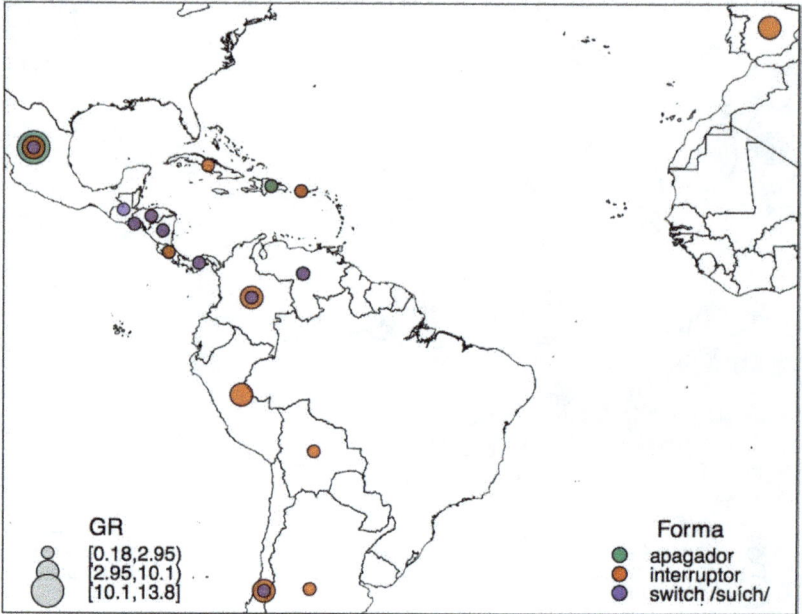

TAP (US: FAUCET)

Dispositivo para abrir o cerrar el paso del agua
PCIC: *grifo*
Nivel: B1-B2
Alternativa americana: *llave*

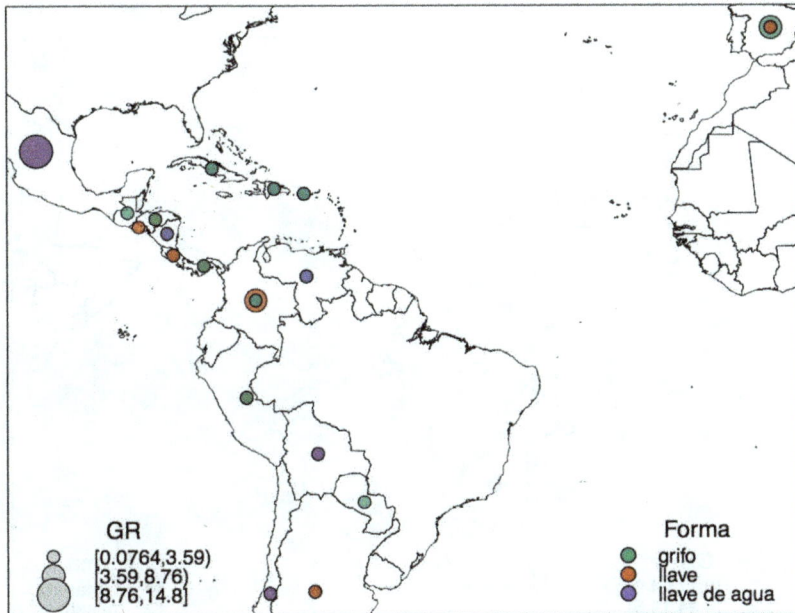

WAITER

*Persona que se dedica a servir comidas o bebidas en un establecimiento. Ej. "Trabaja como *** en un restaurante"*
PCIC: *camarero*
Nivel: A1-A2
Alternativa americana: *mesero*

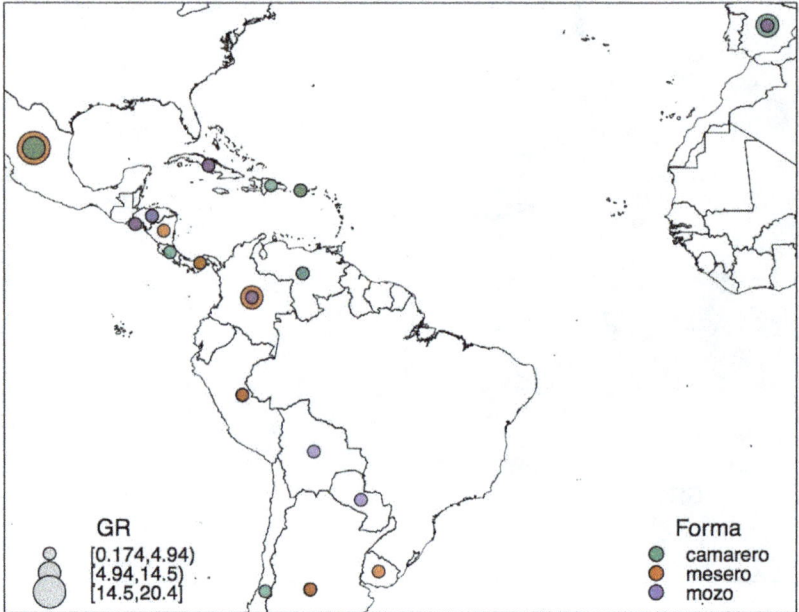

WARDROBE

Armario donde se guardan ropas
PCIC: *armario*
Nivel: A1-A2
Alternativa americana: *clóset*

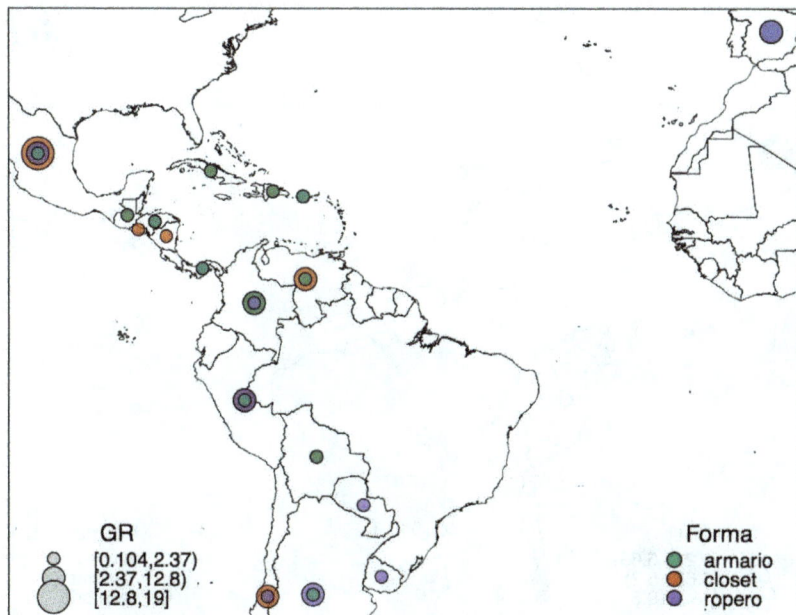

WASHBASIN

Lugar donde se lavan las manos
PCIC: *lavabo*
Nivel: A1-A2
Alternativa americana: *lavamanos*

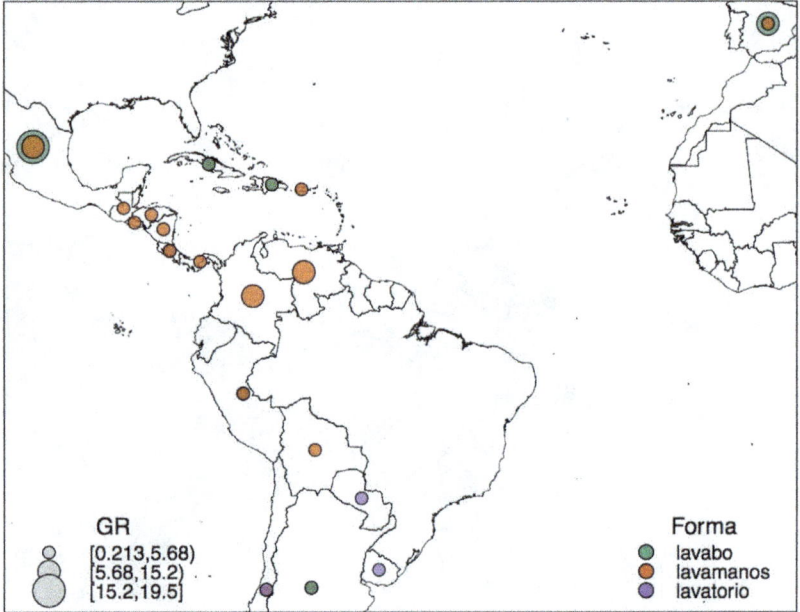

WINDBREAKER

Chaqueta fuerte y cómoda que se lleva para hacer actividades fuera de casa
PCIC: *cazadora*
Nivel: A1-A2
Alternativa americana: *chamarra*

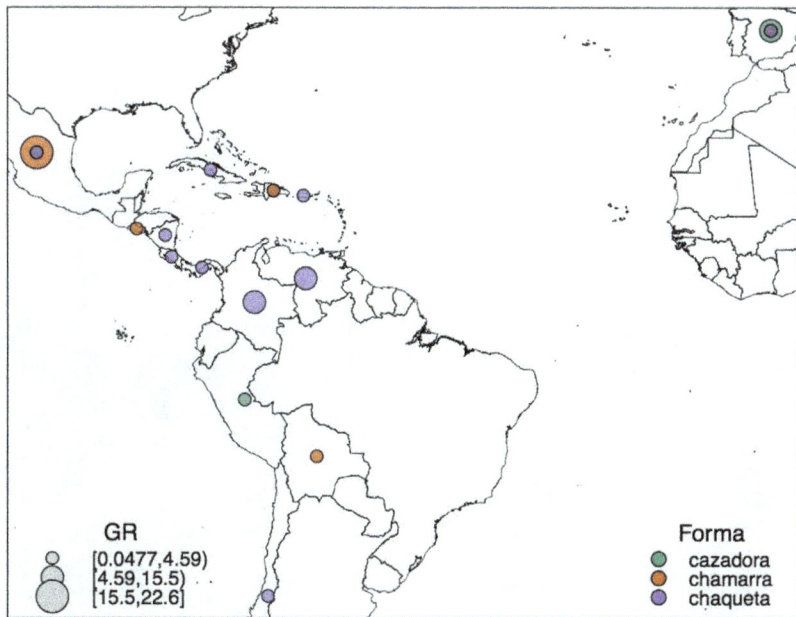

PROPUESTA 3
Inclusión de la marca *Esp* (españolismo) en el PCIC

PROPUESTA 3
Inclusión de la marca *Esp* (españolismo) en el PCIC

La tercera propuesta para la ampliación y mejora de las 'Nociones específicas' del PCIC no implica una expansión del léxico del PCIC, sino más bien la inclusión de una marca específica para aquellas palabras en el PCIC que son exclusivas del español de España. El objetivo es resaltar, mediante la marca [Esp], los *españolismos* presentes en esta publicación.

En la enseñanza de español como segunda lengua, es frecuente que las palabras del español de España se propongan como palabras generales del español, pasando desapercibidas aquellos términos exclusivos de España, tanto en diccionarios como en manuales de enseñanza. Partimos de la hipótesis de que es probable encontrar este tipo de términos entre las páginas del PCIC, dado que la institución selecciona abiertamente la variedad del español centro-norte peninsular para establecer los Niveles de Referencia del español. A partir de un análisis detallado de la base de datos de Varilex, se han identificado aquellas palabras registradas casi exclusivamente por informantes de España en la base de datos para, posteriormente, identificar si algunas de estas palabras están presentes en el PCIC.

Los términos propios del español de España que se encuentran en las 'Nociones específicas' del PCIC generalmente tienen un bajo grado de representatividad, ya que se emplean únicamente en una región dialectal: la española. Sería beneficioso contar con un repertorio de españolismos similar a los diccionarios de mexicanismos, argentinismos, colombianismos, etc. pero actualmente no se ha publicado. Identificar y señalar estas palabras es especialmente relevante para la enseñanza de español como segunda lengua, dado que, como hemos mencionado previamente, los términos locales solo adquieren importancia en niveles más avanzados o en contextos de aprendizaje específicos. Es esencial que los profesores conozcan y reconozcan la limitada extensión de ciertas nociones del PCIC, especialmente cuando la variedad centro-norte peninsular española es la predominante en los manuales de enseñanza.

No se trata de eliminar estas palabras del PCIC en ningún caso. Sin embargo, es crucial que el usuario de esta obra de referencia esté informado y sea consciente de que algunas de las palabras incluidas en el inventario de 'Nociones específicas', al igual que en muchas obras destinadas a la enseñanza de español como segunda lengua, son exclusivas del español de España. Esto contradice los criterios de rentabilidad y extensión en la selección léxica y no se ajusta al carácter panhispánico y plurinormativo que observamos en otras secciones del PCIC.

La marcación de los españolismos en los repertorios léxicos es indispensable para garantizar un tratamiento riguroso de la variación léxica en el currículo y resulta sumamente útil para la preparación de clases, la creación de materiales didácticos e incluso el diseño de pruebas de certificación con validez internacional. Identificar los españolismos en las 'Nociones específicas' amplía significativamente el uso y la validez del PCIC como guía de referencia para la enseñanza del léxico.

Para señalar una palabra del PCIC como españolismo, recurrimos a la base de datos de Varilex y evaluamos dos escenarios posibles:

(a) Que la palabra haya sido proporcionada únicamente por hablantes provenientes de España (españolismos puros).

(b) Que la palabra haya sido proporcionada principalmente por los informantes de España y de manera minoritaria en alguna otra región hispanohablante (españolismos de preferencia).

Término del PCIC considerado *españolismo*	GR	% Esp	% Otros	Concepto
A1-A2				
sujetador	7,04	6 %	hápax (Ni, Cu, Pe)	BRASSIERE
bragas	9,89	89 %	hápax (PR, Pe, Ar)	PANTIES
caña	2,53	24 %	0 %	BEER
salón	2,03	16 %	hápax (Pe, Ch)	BEER
billete	10,17	81 %	hápax (Cu, Ar, Co)	NOTE (US: BILL)
B1-B2				
torta	1,33	12 %	0 %	SLAP
colega	2,11	11 %	hápax (PR, Cu, Pa, RD, Co)	OLD BOY
pincho	0,72	7 %	0 %	TIDBITS
celo	9,09	80 %	hápax (Pe)	CELLOPHANE TAPE
C1-C2				
estar como un tonel	0,88	4 %	hápax (Cu, Co)	FAT (PLUMP)

Término del PCIC considerado *españolismo*	GR	% Esp	% Otros	Concepto
irse al otro barrio	3,91	5 %	hápax (Mx, Cu)	DIE
borde	1,31	13 %	0 %	COARSE
hecho polvo	0,36	3 %	0 %	SAD
atiborrarse	0,59	5 %	0 %	EAT TOO MUCH
tener buen saque	2,68	25 %	0 %	EAT LIKE A HORSE
ponerse morado	0,59	3 %	0 %	EAT TOO MUCH
empollón	6,93	64 %	hápax (PR, Py)	GRIND
catear	3,64	15 %	0 %	GIVE A FAILING GRADE
gandul	1,81	7 %	0 %	LAZY STUDENT
forofos	0,41	4 %	0 %	FANS
hacer novillos	1,38	13 %	hápax (PR)	PLAY TRUANT
tener enchufe	6,37	48 %	hápax (RD, Py)	HAVE PULL.

Los términos que presentan una mayor presencia en el español peninsular y que podrían considerarse españolismos son los siguientes: *sujetador, bragas, celo, empollón* y *tener enchufe*. Además, otras cuatro palabras estudiadas por Varilex han sido mayoritariamente identificadas por informantes de España: *jersey, bañador, ordenador, frigorífico*. Queda patente que la falta de investigaciones específicas sobre los españolismos y la ausencia de esta marca en los diccionarios (según Werner 2002) complica considerablemente el estudio de este fenómeno.

En cuanto a otros posibles españolismos que requieren una evaluación adicional, durante nuestro análisis del PCIC hemos encontrado otras palabras que también se limitan al subsistema lingüístico del español de España, aunque no han sido analizadas por Varilex: *zumo, albornoz, ambulatorio, escayola, parador, guisantes, cremallera, descapotable, pantano, patio de butacas, entresuelo, albarán, chabola, archivador, centollo, aparcamiento, orfanato*. En investigaciones posteriores sobre españolismos será necesario confirmar el uso mayoritariamente peninsular de estas palabras.

CELLOPHANE TAPE

Cinta transparente, con una sustancia adhesiva en una de sus caras, que se emplea, por ejemplo, para fijar papel a otra superficie. Ej. "¿Tienes un poco de (***) para pegar este papel en el tablón?"
PCIC: *celo (Esp)*
Nivel: B1-B2
Alternativas: *scotch*

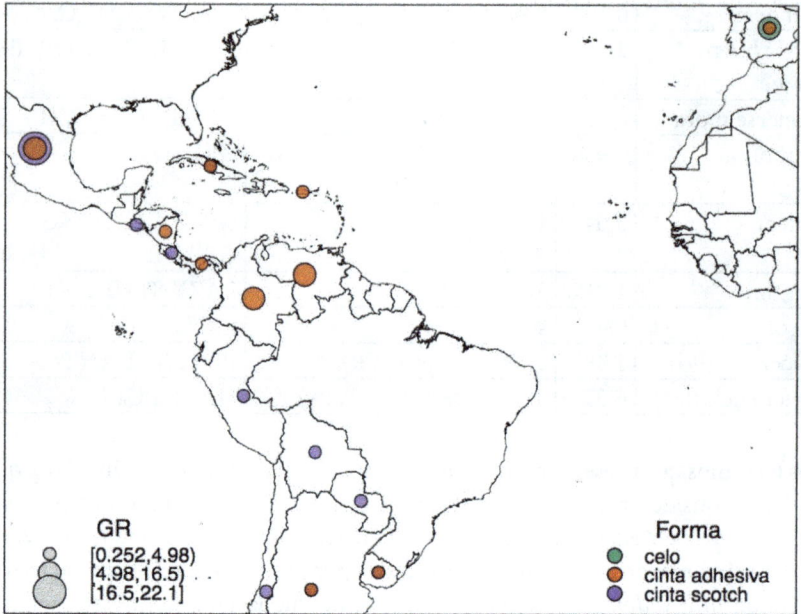

GR
[0.252,4.98)
[4.98,16.5)
[16.5,22.1]

Forma
celo
cinta adhesiva
cinta scotch

DIE

Fallecer. "Doña Ana (***) después de una larga enfermedad."
PCIC: *irse al otro barrio (Esp)*
Nivel: B1-B2
Alternativas: *estirar la pata*

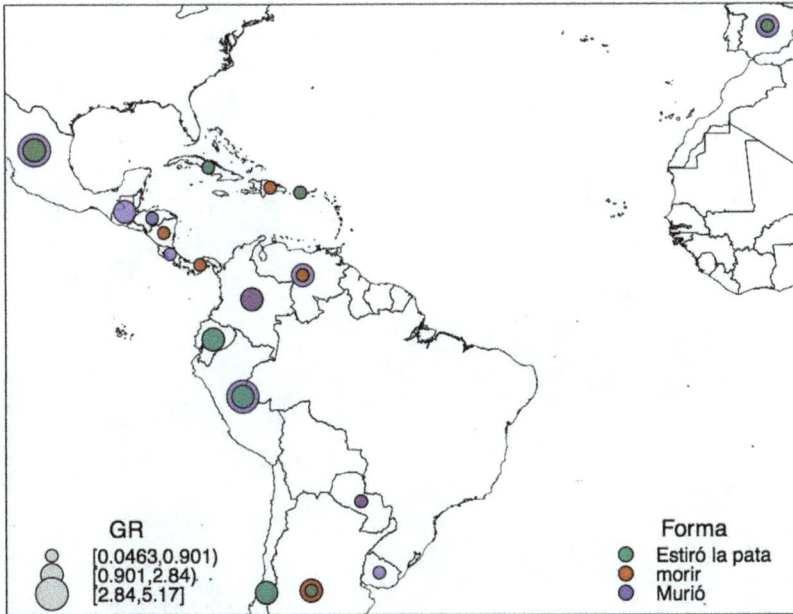

EAT TOO MUCH

Hartarse de comer. "*El domingo después del partido se fueron todos a comer chuletas y****"
PCIC: *atiborrarse, ponerse morado (Esp)*
Nivel: B1-B2
Alternativas: *agasajarse, empacar, hartarse*

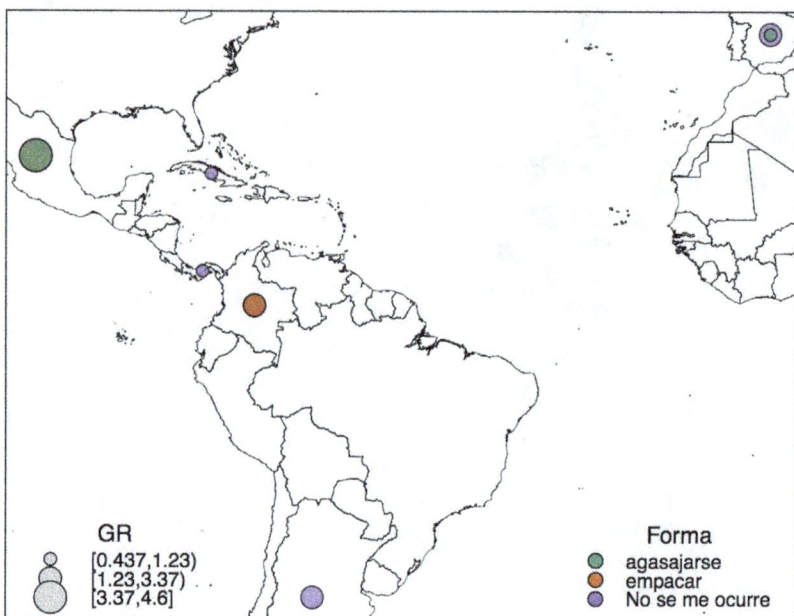

GR
[0.437,1.23)
[1.23,3.37)
[3.37,4.6]

Forma
agasajarse
empacar
No se me ocurre

FAT (PLUMP)

Muy gordo
PCIC: *(estar) como un tonel (Esp)*
Nivel: C1-C2
Alternativas: *gordo, obeso, chancho, barrigón, panzón*

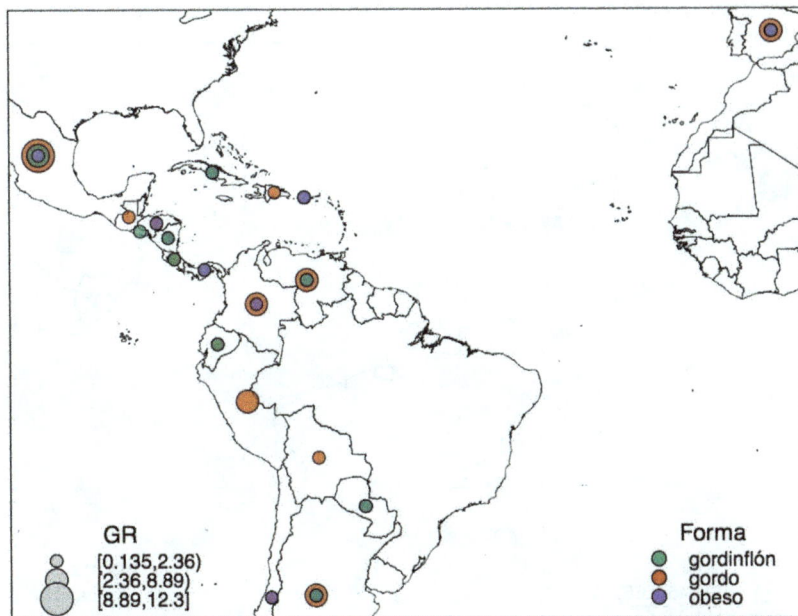

GRIND

El que siempre está estudiando (con el sentido peyorativo). Ej. "Javier es *** y no juega mucho con sus compañeros"
PCIC: *empollón (Esp)*
Nivel: C1-C2
Alternativas: *estudioso, aplicado, dedicado*

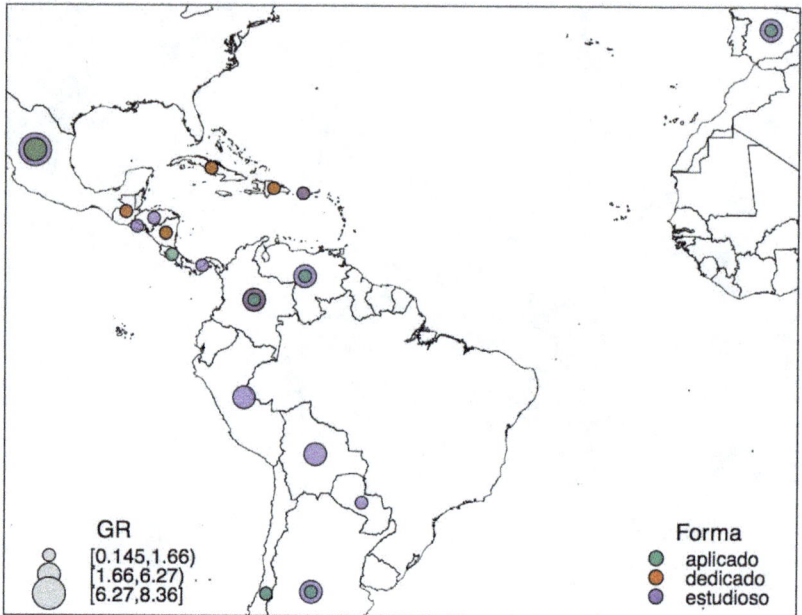

HAVE PULL

Gozar de la protección de alguien "El jefe no se atreve a llamarle la atención, porque (***)"
PCIC: *tener enchufe (Esp)*
Nivel: C1-C2
Alternativas: *tener palanca*

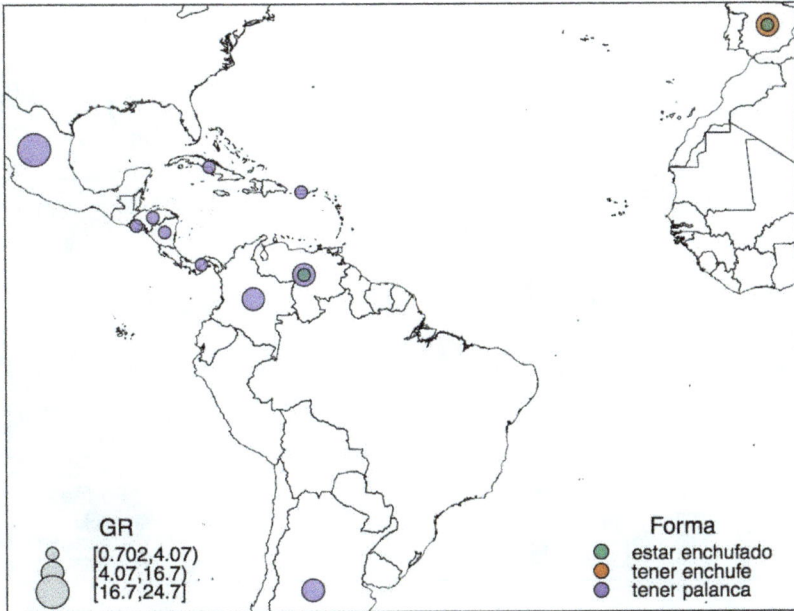

LAZY STUDENT

El que no estudia mucho.
PCIC: *gandul (Esp)*
Nivel: C1-C2
Alternativas: *flojo, vago, haragán*

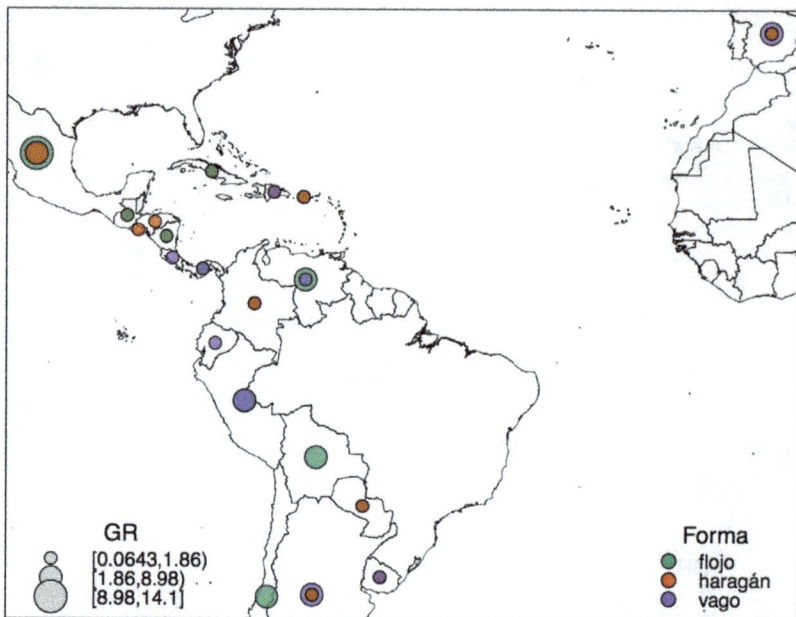

GR

[0.0643,1.86)	
[1.86,8.98)	
[8.98,14.1]	

Forma

flojo
haragán
vago

OLD BOY

Forma de llamar a un amigo
PCIC: *colega (Esp)*
Nivel: B1-B2
Alternativas: *viejo, cuate*

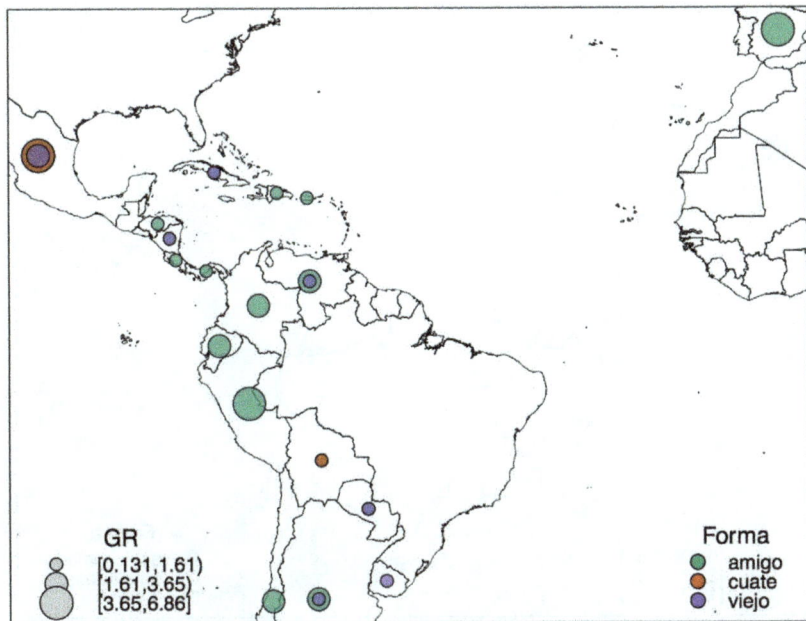

SAD

Triste. "Con la noticia del accidente de su primo, se quedó ***"
PCIC: *hecho polvo (Esp)*
Nivel: C1-C2
Alternativas: *achicopalado, agüitado*

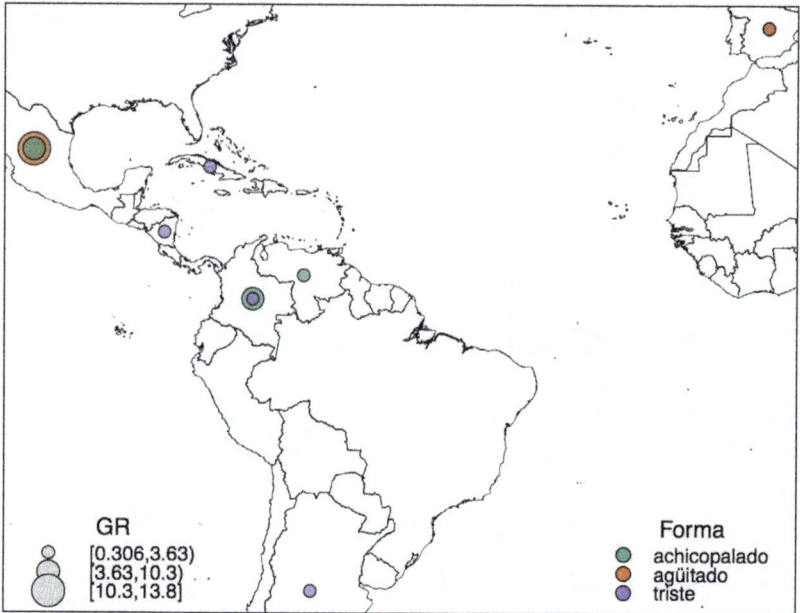

SLAP

*Golpe dado en la cara con la mano abierta sobre la cara. Ej. "Cuando le oyó esa respuesta, le dio un (una) ***."*
PCIC: *torta (Esp)*
Nivel: B1-B2
Alternativas: *bofetada, cachetada*

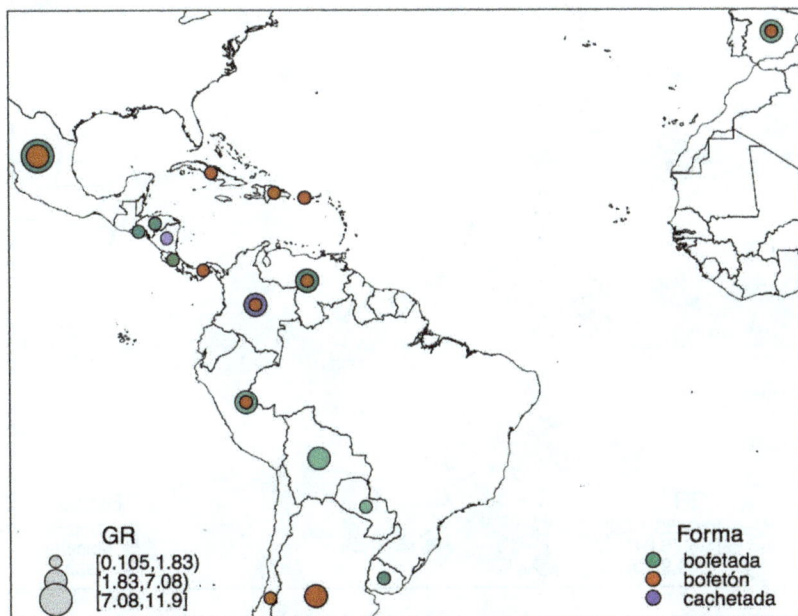

GR
[0.105,1.83)
[1.83,7.08)
[7.08,11.9]

Forma
bofetada
bofetón
cachetada

TIDBITS

Alimento ligero que se sirve como acompañamiento de una bebida
PCIC: *pincho (Esp)*
Nivel: B1-B2
Alternativas: *botana, picada, tapa*

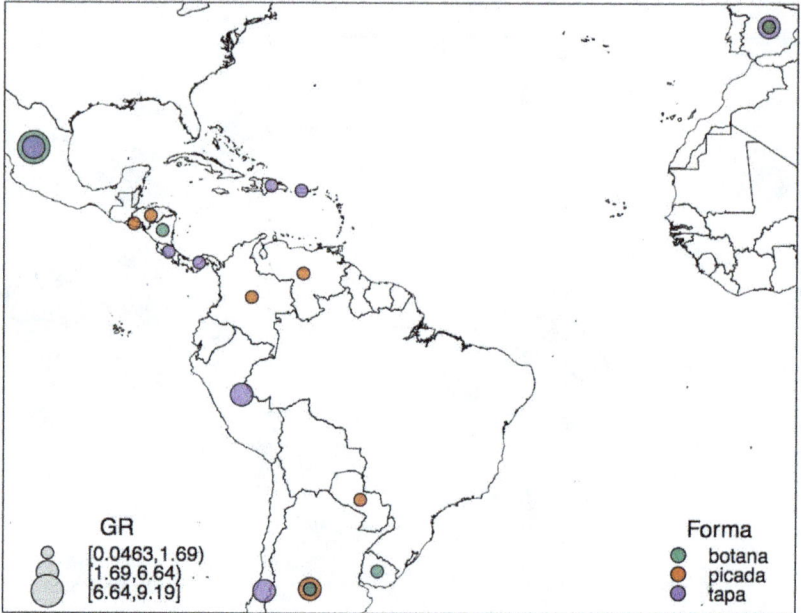

X. Conclusiones

El objetivo de este trabajo era evaluar la representatividad de las palabras propuestas en las 'Nociones específicas' del PCIC y ofrecer una solución ante la ausencia de indicadores geolectales en este inventario léxico, identificando nociones más representativas del vocabulario de toda la comunidad hispanohablante.

La aportación fundamental de este monográfico es la ampliación de las 'Nociones específicas' del PCIC con léxico representativo del español global. Nos hemos basado en la premisa del Instituto Cervantes de que el PCIC constituye un primer nivel de concreción lingüística, que requiere ajustes y adaptaciones por parte de los usuarios en diferentes situaciones de enseñanza y aprendizaje. Consideramos que proponer voces propias de diferentes áreas lingüísticas es una prioridad que permitirá garantizar una selección léxica eficaz en cada contexto de enseñanza.

Aunque el PCIC otorga importancia al fenómeno de la variación diatópica y proporciona especificaciones lingüísticas de diversas regiones del español en la mayoría de sus inventarios, el repertorio de 'Nociones específicas' presenta un léxico exclusivamente peninsular sin marcas de variación.

La complejidad inherente a los estudios de variación léxica, la falta de listas o inventarios de frecuencia en español, la escasez de estudios empíricos de vocabulario panhispánico o la inexistencia del *Diccionario de americanismos* en el momento de elaboración del PCIC son algunos de los factores que pueden explicar la ausencia de rasgos geolectales en el repertorio léxico de esta obra de referencia para la enseñanza del español.

En este libro se han fijado unas líneas de ampliación de las 'Nociones específicas', siguiendo la orientación plurinormativa del PCIC. La propuesta se ha enfocado en tres aspectos principales: la búsqueda de términos panhispánicos que sean útiles tanto en España como en América, asegurando así la rentabilidad léxica; la inclusión de americanismos de gran relevancia, los cuales consideramos indiscutibles cuando superan en representatividad a las nociones peninsulares; y, por último, la identificación de aquellos términos exclusivos o preferentes del español de España mediante la marca *Esp* (españolismo).

Para fundamentar nuestra contribución, hemos desarrollado una metodología de análisis demolingüístico del léxico hispánico que tiene como objetivo evaluar la extensión y la frecuencia de las palabras para garantizar la incorporación de variantes representativas, extensas y rentables en el PCIC. Nuestro cálculo ponderado de la representatividad se ha basado en los datos recopilados por el proyecto Varilex. Así, a través de un análisis descriptivo de los datos, hemos abogado por un enfoque que busca reflejar la distribución de las palabras del español, considerando el concepto multidimensional de representatividad y asignando un índice numérico a cada una de las variantes.

El enfoque demolingüístico que proponemos en nuestra investigación ofrece beneficios claros para examinar la variación geográfica en el lenguaje y proporciona datos relevantes sobre cómo se estructuran las palabras, su ubicación, su vitalidad, los procesos de innovación y conservadurismo, así como las relaciones entre variantes léxicas en diferentes dialectos.

Nuestro análisis de las 'Nociones específicas' confirma que la variedad geolectal que toma el PCIC para la selección léxica es exclusivamente peninsular y no incluye vocabulario relativo a otras variedades geolectales, a pesar de que sí lo hacen otros de sus inventarios. Además, las 'Nociones específicas' contienen términos propios del español peninsular que no son empleados en América (tales como *sujetador, pincho, colega, borde…*). Aunque el número de estas nociones no es elevado, estas palabras, que son regionales y poco comunes en el ámbito hispanohablante global, suelen ser incorporadas en manuales y planes de estudio del español como segunda lengua, sin ninguna indicación de su limitada extensión geográfica.

Según Werner (2001) y Stork (2006), es esencial incorporar la etiqueta de *españolismo* en las herramientas lexicográficas. Resulta sumamente difícil encontrar fuentes de consulta confiables y bien contrastadas sobre la variación léxica que permitan conocer las equivalencias semánticas de los términos en ambas direcciones, diferenciando las palabras que se usan exclusivamente en Hispanoamérica o en España, e identificando el término equivalente en otras áreas geográficas, junto con las explicaciones de significado pertinentes cuando sea necesario.

Por otra parte, en el ámbito de la demolingüística, este trabajo ratifica la existencia de panhispanismos con mayor representatividad que las nociones del PCIC. Estos términos facilitan la comunicación entre hablantes de español de diferentes regiones y su inclusión en manuales y diccionarios debe ser asegurada, ya que representan el verdadero estándar lingüístico. La inclusión de estas alternativas panhispánicas, junto con los términos del español de España, enriquece la representatividad de la selección léxica del inventario.

Por último, nuestro análisis concuerda con el de Haensch (2002) y evidencia la presencia de americanismos generales o panamericanismos que contrastan con la variedad del español de España. En nuestra investigación, hemos abogado por la incorporación de estas variantes. No podemos pasar por alto el hecho de que el continente americano concentra alrededor del 90 % de los hablantes de español, por lo que esta ampliación parece indiscutible, especialmente cuando estos términos tienen un mayor grado de representatividad (GR) que los términos de referencia del PCIC. Todas las palabras incluidas en esta propuesta están respaldadas por el *Diccionario de americanismos* y contribuyen a fortalecer la base referencial del PCIC desde una perspectiva plurinormativa, siguiendo el enfoque utilizado en otras secciones de este documento.

XI. Referencias bibliográficas

Ainciburu, María Cecilia y Granata, María Eugenia. (2019). ¿Cómo procesan los estudiantes EFE el léxico especializado? La geosinonimia en las lenguas afines. En *JEFE-Vi II: Contribuciones a las segundas jornadas de español para fines específicos de Viena*, 20–39. https://sede.educacion.gob.es/publiventa/descarga.action?f_codigo_agc=20502

Aitchison, Jean. (1994). *Words in The Mind. An introduction to the mental lexicon*. Blackwell.

Amorós Negre, Carla y Moser, Karolin. (2019). Panhispanismo y modelos lingüísticos en la certificación del español LE/L2, *Journal of Spanish Language Teaching*, 6:2, 249–263, https://doi.org/10.1080/23247797.2019.1677358

Bárkányi, Zsuzsanna y Fuertes Gutiérrez, Mara. (2019). Dialectal variation and Spanish Language Teaching (SLT): perspectives from the United Kingdom, *Journal of Spanish Language Teaching*, 6:2, 199–216, https://doi.org/10.1080/23247797.2019.1676980

Ávila Muñoz, Antonio Manuel. (2016). El léxico disponible y la enseñanza del español. Propuesta de selección léxica basada en la teoría de los conjuntos difusos. *Journal of Spanish Language Teaching*, 3(1), 31–43. https://doi.org/10.1080/23247797.2016.1163038

Ávila, Raúl. (1997). Variación léxica: connotación, denotación, autorregulación. *Anuario de Letras: Lingüística y Filología*, 35, 77–102.

Ávila, Raúl. (2004). ¿El fin de los diccionarios diferenciales? ¿El principio de los diccionarios integrales? *Revista de lexicografía*, 10, 7–20.

Baldinger, Kurt. (1964). Semasiologie et onomasiologie. *Revue de Linguistique Romane*, 28, 250–272.

Baralo, Marta. (2007). Adquisición de palabras: redes semánticas y léxicas. *Foro de español internacional: Aprender y enseñar léxico*. https://cvc.cervantes.es/ensenanza/biblioteca_ele/publicaciones_centros/pdf/munich_2006-2007/04_baralo.pdf

Bartol Hernández, José Antonio. (2010). Disponibilidad léxica y selección de vocabulario. En *De moneda nunca usada. Estudios filológicos dedicados a José María Enguita Utrilla* (pp. 85–107). Institución Fernando el Católico.

Battaner Arias, Paz y López Ferrero, Carmen. (2019). La flexibilidad como propuesta normativa a la diversidad lingüística y dialectal. Perspectivas desde la Real Academia Española (RAE), *Journal of Spanish Language Teaching*, 6:2, 106–118. https://doi.org/10.1080/23247797.2019.1668180

Referencias bibliográficas

Beaven, Tita y Garrido, Cecilia. (2000). El español tuyo, el mío, el de aquel... ¿cuál para nuestros estudiantes? En *¿Qué español enseñar?: norma y variación lingüísticas en la enseñanza del español a extranjeros: actas del XI Congreso Internacional ASELE, Zaragoza 13–16 de septiembre de 2000* (pp. 181–190). Asociación para la Enseñanza de Español como Lengua Extranjera.

Bravo García, Eva. (2022). *La globalización del español: estado de la cuestión. Observatorio IEAL sobre América Latina, 3*. Universidad de Sevilla / Instituto Universitario de Estudios sobre América Latina (IEAL). https://idus.us.es/handle/11441/136096

Brewer, Cynthia A. (1994). Cartography: thematic map design. *Cartographic Perspectives, 17*, 26–27.

Bueno Hudson, Richard. (2019). La promoción del español desde un enfoque iberoamericano e intercultural. Perspectivas desde el Instituto Cervantes, *Journal of Spanish Language Teaching, 6*:2, 119–130, DOI: 10.1080/23247797.2019.1668178

Bustos Gisbert, Eugenio. (1995). Dialectología, sociolingüística y español en América. *Dicenda: Cuadernos de filología hispánica, 13*, 39–64.

Carretero Bruña, José Andrés. (2021). La enseñanza del léxico en ELE: variación dialectal hispanoamericana frente a infortunio comunicativo. Trabajo fin de máster. Universidad Complutense de Madrid. https://hdl.handle.net/20.500.14352/5205

Cazorla Vivas, Carmen. (2017). "Presencia y didáctica del léxico en manuales ELE A2 y B1: ¿Dimensión panhispánica?". En *XXVIII Congreso Internacional ASELE. Léxico y cultura en LE/L2: corpus y diccionarios*, eds. M. Bargalló Escrivá, E. Forgas Berdet y A. Nomdedeu Rull, 145–155. ASELE. https://cvc.cervantes.es/ensenanza/biblioteca_ele/asele/pdf/28/28_0013.pdf

Chacón García, Carmen. (2014). El léxico del español: campos léxicos y variedades. eEn Andión Herrero, M. A; Casado Fresnillo, C., *Variación y variedad del español aplicadas a E-LE/l2*, UNED. Colección Biblioteca del profesor de ELE.

Chacón García, Carmen y Andión Herrero, M.ª Antonieta. (2015). La variedad léxica del español en ELE/L2: fuentes de referencia y consulta. En *¿Qué español enseñar y cómo? Variedades del español y su enseñanza. Actas del V Congreso Internacional de FIAPE* (pp. 17–34). RedELE. http://www.mecd.gob.es/redele/Biblioteca-Virtual/2015/Numeros_especiales/V-CONGRESO-FIAPE.html.

Chacón García, Carmen y Perpiñán Lamigueiro, Oscar. (2016). *Grado de Representatividad Léxica del español*. [Aplicación en línea]. https://carmenchacon.shinyapps.io/pcic/

Chacón García, Carmen. (2023). El Grado de Representatividad léxica para la enseñanza de español. Propuesta de americanismos, españolismos y panhispanimos en 182 mapas de geosinónimos. *Círculo de Lingüística Aplicada a la Comunicación*, 93, 179–199. https://dx.doi.org/10.5209/clac.82971

Chaudenson, Robert. (1993). Francophonie, "français zéro" et français regional. *Le français dans l'espace francophone*, 1, 385–405.

Clyne, Michael. (1992). *Pluricentric Languages. Differing Norms in Different Nations*. Mouton de Guyter.

Company Company, Concepción. (2019). Jerarquías dialectales y conflictos entre teoría y práctica. Perspectivas desde la Asociación de Academias de la Lengua Española (ASALE). *Journal of Spanish Language Teaching*, 6(2), 96–105. https://doi.org/10.1080/23247797.2019.1668179

Consejo de Europa. (2002). *Marco Común Europeo de Referencia para las lenguas*. Consejo de Europa, Ministerio de Educación, Cultura y Deporte/Instituto Cervantes.

Coseriu, Eugenio, Azáceta, José María y García de Albéniz. (1981). *Lecciones de lingüística general*. Gredos.

Coxhead, Averil. (2000). A New Academic Word List. *TESOL Quarterly*, 34, 213–238. https://doi.org/10.2307/3587951

Crystal, David. (1994). Which English –or English which? En M. Hayhoe y S. Parker (Eds.), *Who owns English?* (pp. 108–114). Oxford: Oxford University Press.

Cruz, Mário y Saracho, Marta. (2016). Materiales para la enseñanza aprendizaje de las variedades lingüísticas y culturales de Hispanoamérica en la clase de ELE. *XXVII Congreso Internacional de la ASELE Panhispanismos y variedades en la enseñanza del español L2/LE*. https://cvc.cervantes.es/ensenanza/biblioteca_ele/asele/asele_xxvii.htm

Del Valle, José. (2014). The politics of normativity and globalization: Which Spanish in the classroom? *The Modern Language Journal*, 98(1), 358–372.

Demonte, Violeta. (2001). El español estándar (ab)suelto. Algunos ejemplos del léxico y la gramática". En *II Congreso Internacional de la Lengua Española: El español en la Sociedad de la Información*. RAE/Instituto Cervantes. https://cvc.cervantes.es/obref/congresos/valladolid/ponencias/unidad_diversidad_del_espanol/1_la_norma_hispanica/ demonte_v.htm

Demonte, Violeta. (2003). Lengua estándar, norma y normas en la difusión actual de la lengua española. *Circunstancia: Revista de Ciencias Sociales del Instituto Universitario de Investigación Ortega y Gasset*, 1. https://digital.csic.es/handle/10261/13074

Díaz García, Amanda. (2016). Las variedades del español en ELE. Análisis de los exámenes de certificación del español como lengua extranjera. [Trabajo de Fin de Máster, Universidad Autónoma de Madrid]. https://libros.uam.es/tfm/catalog/download/620/1185/968?inline=1

Finke, Peter. (2002). Die Wildnis der Sprache. Ein kurzer Galopp durch die Ökolinguistik. *Sprachtheorie und germanistische Linguistik, 12*(1), 43–80.

Flórez Márquez, Óscar A. (2000). ¿Qué español enseñar? o ¿Cómo y cuándo 'enseñar' los diversos registros o hablas del castellano? En M.ª A. Martín Zorraquino y C. Díez Pelegrín, *Actas del XI Congreso Internacional ASELE: Norma y variación lingüísticas en la enseñanza del español a extranjeros* (pp. 311–316). Universidad de Zaragoza.

García de Diego, Vicente. (1950). El castellano como complejo dialectal y sus dialectos internos. *Revista de Filología Española, 34*, 107–124.

García Fernández, Enrique. (2010). El tratamiento de las variedades de español en los manuales de EL2/LE. *Biblioteca virtual redELE.* https ://bit.ly/3NKQSLE

García Mouton, Pilar. (1990). El estudio del léxico en los mapas lingüísticos. En F. Moreno Fernández (Ed.), *Estudios sobre variación lingüística* (pp. 27–75). Universidad de Alcalá de Henares.

García Mouton, Pilar. (1991). Dialectometría y léxico en Huesca. En T. Buesa Oliver y J. M. Enguita Utrilla (Ed.), *I Curso de Geografía Lingüística de Aragón* (pp. 311–326). Institución Fernando el Católico.

Gimeno Menéndez, Francisco. (1990). *Dialectología y sociolingüística españolas*. Universidad de Alicante.

Gómez Font, Alberto. (2022). Español neutro y variedades del español. En F. Moreno-Fernández y R. Caravedo (Eds.), *Dialectología hispánica. The Routledge Handbook of Spanish Dialectology*. Routledge.

Gómez-Devís, M. Begoña. (2022). La investigación en disponibilidad léxica infantil: aplicaciones para la enseñanza de ELE. *Cultura, Lenguaje y Representación, 28.* http://dx.doi.org/10.6035/clr.6116

González Sánchez, Maria. (2016). Análisis metodológico de manuales de español para extranjeros: últimas aportaciones y perspectivas de futuro. Trabajo fin de máster. Universidad Nacional de Educación a Distancia. http ://e-spacio.uned.es/fez/eserv/bibliuned:master-Filologia-FPESL-Mgonzalez/Gonzalez_Sanchez_Maria_TFM.pdf

Haensch, Günther. (2002). Español de América y español de Europa (2. ª parte). Panace@, *3*(7), 37–64.

Hidalgo Gallardo, Matías. (2017). Sobre la disponibilidad léxica en ELE: revisión de literatura. *Boletín ASELE, 56*, 83–94. Instituto Cervantes. 2006. *Plan*

Curricular del Instituto Cervantes: Niveles de referencia para el español. Instituto Cervantes.

Instituto Cervantes. (2006). *Plan Curricular del Instituto Cervantes: Niveles de referencia para el español*. Instituto Cervantes.

Krashen, Stephen D. (1987). *Principles and Practice in Second Language Acquisition*. Prentice Hall.

Leech, Geoffrey, Rayson, Paul, y Wilson, Andrew. (2001). *Word Frequencies in Written and Spoken English: based on the British National Corpus*. Routledge. https://doi.org/10.4324/9781315840161

Lewis, Michael. (1993). *The Lexical Approach. The State of ELT and a Way Forward*, Heinle.

Lewis, Michael. (1997). *Implementing the Lexical Approach. Putting Theory into Practice*. Heinle.

López Aramburu, Ada. (2019). *La política lingüística panhispánica. ¿Cómo se evalúan las variedades hispanoamericanas en las pruebas de expresión escrita y oral de los DELE?* [Trabajo Fin de Máster, Universitat Rovira i Virgili]. http://hdl.handle.net/20.500.11797/TFM418

López Morales, Humberto. (1983). Lingüística estadística. En H. López Morales (Ed.), *Introducción a la Lingüística actual* (pp. 209–225). Playor.

López Morales, Humberto. (2010). *La andadura del español por el mundo*. Taurus.

Martín Peris, Ernesto. (2001). Textos, variedades lingüísticas y modelos de lengua en la enseñanza del español como lengua extranjera. *Carabela. Modelos de uso de la lengua española*, 50, 103–137.

Moreno Fernández, Francisco. (2000). *Qué español enseñar*. Arco/Libros.

Moreno Fernández, Francisco y Álvarez Mella, Héctor. (2022). La importancia internacional de las lenguas revisitada. *Círculo de Lingüística Aplicada a la Comunicación*, 90, 201–224. https://dx.doi.org/10.5209/clac.78691

Moreno-Fernández, Francisco y Dumitrescu, Domnita. (2019). Dialect variation as reflected in the Diccionario de la lengua española: ideological and pedagogical implications, *Journal of Spanish Language Teaching*, 6:2, 232–248, https://doi.org/10.1080/23247797.2019.1668181

Moreno Fernández, Francisco y Otero Roth, Jaime. (2007). *Atlas de la lengua española en el mundo*. Ariel-Fundación Telefónica.

Muñoz-Basols, Javier y Hernández Muñoz, Natividad. (2019). El español en la era global: agentes y voces de la polifonía panhispánica. *Journal of Spanish Language Teaching*, 6(2), 79–95. https://doi.org/10.1080/23247797.2020.1752019

Nation, Paul. (2001). *Learning Vocabulary in Another Language*. Cambridge University Press.

Otero Doval, Herminda. (2011). La variación lingüística en los textos de los exámenes DELE. En J. de Santiago-Guervós, H. Bongaerts, J. J. Sánchez Iglesias y M. Seseña Gómez (Coord.), *Del texto a la lengua: la aplicación de los textos a la enseñanza-aprendizaje del español L2-LE*, *1*(pp. 665–674). Asociación para la Enseñanza de Español como Lengua Extranjera.

Paredes García, Florentino y Gallego Gallego, Diego Javier. (2019). Procedimientos neológicos en el léxico disponible de español como lengua materna y como lengua extranjera. *Ogigia. Revista Electrónica de Estudios Hispánicos, 25*, 109–138. https://doi.org/10.24197/ogigia.25.2019.109-138

Pérez Gómez, Ángel Ignacio. (2002). Un aprendizaje diverso y relevante. *Cuadernos de pedagogía, 311*, 66–70. Real Academia Española: Banco de datos (CORPES XXI) [en línea]. *Corpus del Español del Siglo XXI (CORPES)*. http://www.rae.es/

Potvin, Cynthia. (2018). Representatividad de las variantes hispanoamericanas en los manuales ELE: enfoque léxico, gramatical y cultural. En M. Bargalló, E. Forgas y A. Nomdedeu (Eds.), *Léxico y cultura en LE/L2: corpus y diccionarios* (641–651). Universitat Rovira i Virgili. https://cvc.cervantes.es/ensena nza/biblioteca_ele/asele/pdf/28/28_0060.pdf

Prados Lacalle, Maria. (2014). El tratamiento de las variedades del español en los materiales para la enseñanza del español como lengua extranjera. Trabajo fin de grado. Universidad de Jaén. https://crea.ujaen.es/jspui/bitstr eam/10953.1/844/7/TFG_PradosLacalle%2CMaria.pdf

Real Academia Española y Asociación de Academias de la Lengua Española (2009). *Nueva gramática de la lengua española*. Espasa.

Real Academia Española y Asociación de Academias de la Lengua Española. (2010). *Diccionario de americanismos*. [versión en línea] https://www. rae.es/

Rivarola, José Luis. (2006). El español en el siglo XXI: Los desafíos del pluricentrismo. *Boletín Hispánico Helvético, 8*, (97–109).

Ruiz Tinoco, Antonio. (2008). Los informantes en las encuestas de variación léxica. *Dialectología, 1*, 83–105.

Slocum, Terry A., McMaster, Robert Brainerd, Kessler, Fritz C. y Howard, Hugh. (2010). *Thematic Cartography and Geovisualization*. Pearson Education International.

Soler Montes, Carlos. (2015). El modelo de lengua en el aula de ELE: adecuación de la variedad lingüística desde un punto de vista pluricéntrico. En Y. Morimoto, M. V. Pavón Lucero y R. Santamaría Martínez (Eds.), *La enseñanza de*

ELE centrada en el alumno (pp. 1237-1244). Asociación para la Enseñanza de Español como Lengua Extranjera.

Stork, Yvonne. (2008). La situación lexicográfica del español hispanoamericano. Consideraciones desde la perspectiva de la ecolingüística. En *El diccionario como puente entre las lenguas y culturas del mundo. Actas del II Congreso Internacional de Lexicografía Hispánica* (pp. 594-600). Biblioteca Virtual Miguel de Cervantes. https://www. cervantesvirtual.com/obra/la-situacin-lexicogrfica-del-espaol-hispanoamericano-consideraciones-desde-la perspectiva-de-la-ecolingstica-0/ [Consultado: 07-06-2022]

Tappolet, Ernst. (2020). *Die romanischen Verwandtschaftsnamen mit besonderer Berücksichtigung der französischen und italienischen Mundarten: Ein Beitrag zur vergleichenden Lexikologie,* De Gruyter. https ://doi.org/10.1515/9783111684208

Thompson, Ruth W. (1992). Spanish as a pluricentric language. En M. Clyne (Ed.), *Pluricentric Languages: differing norms in different nations* (pp. 45-70). Mouton de Gruyter.

Torres Torres, Antonio. (2013). Del castellano de "un pequeño rincón" al español internacional. *Normas: revista de estudios lingüísticos hispánicos, 3,* 205-224.

Ueda, Hiroto. (1995). Zonificación del español. Palabras y cosas de la vida urbana. *Lingüística, 7,* 43-86.

Ueda, Hiroto. (1996). Análisis demolingüístico del léxico variable español. *Lingüística Hispánica, 19,* 63-98.

Ueda, Hiroto. (1999). Distribución de las palabras variables en España y en América: Léxico del transporte. En E. Forastieri Braschi, J. Cardona, H. López Morales, A. Morales de Walters (Eds.), *Estudios de Lingüística Hispánica: Homenaje a María Vaquero* (pp. 637-655). Editorial Puerto Rico.

Ueda, Hiroto. (2004). Léxico de la blasfemia: Análisis por patronización. En J. Prado Aragonés y M. V. Galloso Camacho (Eds.), *Diccionario, Léxico y Cultura* (pp. 233-245). Universidad de Huelva.

Vázquez, Graciela. (2008). ¿Qué español enseñar? Preguntas frecuentes. En *III Jornadas de Español como Lengua Extranjera. Facultad de Lenguas de la Universidad Nacional de Córdoba.* http ://www.lenguas.unc.edu.ar/elsecongreso/teleconferencia_vazquez.pdf

Villa, Daniel J. (1996). Choosing a "standard" variety of Spanish for the instruction. *Foreign Language Annals, 29,* 191-200. https://doi.org/10.1111/j.1944-9720.1996.tb02326.x

Werner, Reinhold. (2002). Identidad nacional y regional de las palabras en los diccionarios españoles. En M.ª T. Fuentes Morán y R. Werner (Eds.),

Diccionarios: textos con pasado y futuro (pp. 75–88). Iberoamericana/Vervuert. https://doi.org/10.31819/9783954879960-006

Wilkins, David A. (1972). *Linguistics in language teaching.* Edward Arnold.

Zauner, Adolf. (1903). Die romanischen Namen der Körperteile. *Romanische Forschungen, 14*(2), 339–530. http://www.jstor.org/stable/27935494

www.ingramcontent.com/pod-product-compliance
Lightning Source LLC
Chambersburg PA
CBHW070922150426
42812CB00049B/1362